DU MÊME AUTEUR

Premiers pas vers le bon Dieu, ou *Trois minutes de Lecture pieuse quotidienne pour les petits enfants* (2ᵉ édition). Librairie Vve Ch. Poussielgue, 15, rue Cassette.................... 2 50

La Piété au Patronage. Conférence donnée le 2 juin 1903 pour l'Œuvre Générale des Patronages. Chez Téqui, 29, r. de Tournon. 0 20

Les Avis d'une Directrice de Patronage, in-12. Chez Téqui, 29, rue de Tournon, et à la Librairie Générale des Catéchismes, 10, rue Mézières... 2 »

Les Voix qui raniment, recueil de dialogues et saynètes pour les Catéchismes et les Patronages. Téqui, 29, rue de Tournon.... 2 50

Pas à pas vers la Table sainte. Courtes méditations pour les enfants qui se préparent à la première communion. Ouvrage honoré des approbations de Son Em. le cardinal Richard, archevêque de Paris ; S. Em. le cardinal Coullié, archevêque de Lyon. Téqui 29, rue de Tournon.

Édition verte.. 2 50
Édition rose... 2 »

OUVRAGES DE M. L'ABBÉ LENFANT

DIRECTEUR DE L'ŒUVRE GÉNÉRALE DES PATRONAGES

Vendus au profit de nos patronages
au Secrétariat de l'Œuvre, 17, rue Hamelin, ou à la librairie
Vve CH. POUSSIELGUE, 15, rue Cassette.

"LE CŒUR ET SES RICHESSES"

I Le Cœur.
II Le Cœur Vaillant ou le Courage Chrétien.
III La Royauté du Cœur ou la Douceur Chrétienne.
IV Le Cœur à Gethsémani.
V La Pureté du Cœur. Mission moralisatrice de la femme ou la Jeune Fille chrétienne à l'heure présente.
VI Cœur d'or et Bonté Chrétienne.
VII La flamme de l'Apostolat.
VIII La Paix.
IX La Foi, ses Conditions Morales.
X L'Amour de Dieu.

Chaque volume : 2 fr. 50

Sauvons nos enfants ! (Chez LECOFFRE)................ 1 fr. 50

BROCHURES APOLOGÉTIQUES TRÈS DOCUMENTÉES

Dieu existe. — **Notre-Seigneur Jésus-Christ : Sa Vie, Sa Divinité.** — **L'Ame Humaine.** — **L'Immortalité.** — *A la Bonne Presse*, chaque brochure : 0 fr. 25.

Une Méditation pour chaque Jour. — *Chez Téqui, 29, rue de Tournon*, la brochure : 0 fr. 85.

Aide pratique et moral

des Directrices de Patronages

Permis d'imprimer :
Paris, 20 décembre 1907.
   H. ODELIN, *v. g.*

Mlle Marguerite de MONTGERMONT

Aide pratique et moral des Directrices de Patronages

Ouvrage honoré de l'approbation
de M. L'ABBÉ ODELIN, vicaire général de Paris, président
de l'Œuvre générale des Patronages,
et d'une lettre
de M. le CHANOINE LENFANT, curé de Saint-Antoine des Quinze-Vingts,
directeur de l'Œuvre générale des Patronages.

PARIS
LIBRAIRIE Vve CH. POUSSIELGUE
15, RUE CASSETTE, 15

Paris, 20 décembre 1907.

Madame la Secrétaire,

J'ai lu avec un réel intérêt votre Aide des Directrices des Patronages. C'est à ma demande que vous l'avez rédigé ; vous avez bien répondu à ma pensée, vous avez même été au delà.

Votre Aide est bien ce que je vous ai demandé : un manuel pratique à l'usage des Directrices ; ses renseignements sur l'Œuvre des Patronages et ses annexes sont exacts et complets. Mais il est plus encore : c'est un directoire moral, plein d'observations justes, fruit d'une longue expérience. On sent que vous avez écrit ces pages avec votre cœur : vous n'avez eu qu'à le laisser parler et à vous souvenir. On sent que vous les avez vécues, avant de les écrire : le dévoûment que vous demandez a été le vôtre, les sacrifices que vous réclamez, vous les avez faits vous-même, jusqu'à celui de votre santé.

Votre Aide sera très utile aux Directrices : elles y trouveront un guide précieux pour la mission si belle qui leur est confiée auprès des jeunes filles. Ce sera pour vous une consolation de penser que, si vous êtes réduite à l'impuissance d'agir comme un soldat blessé au fort de la bataille, vous pouvez, du moins, par vos conseils, votre expérience, vos souffrances mêmes, aider celles qui luttent à remporter la victoire.

Veuillez agréer, Madame la Secrétaire, l'hommage de mon dévoué respect en N.-S.

H. ODELIN, v. g.
Président de l'Œuvre des Patronages.

MADEMOISELLE,

« *Que Dieu est admirable dans ses œuvres !* » — dans les plus humbles comme dans les plus éclatantes !

Je me le répétais, les larmes aux yeux, pendant que la lecture de votre livre évoquait dans mon esprit le souvenir de toutes les merveilles de sa « Droite » en faveur de nos chers Patronages.

L'affreux cyclone qui s'est abattu, en France, sur toutes nos œuvres religieuses s'annonçait à peine et déjà Dieu suscitait d'admirables apôtres pour abriter les jeunes âmes en détresse dans nos premiers patronages : bercails improvisés, mais où brûlait, tout réchauffant, le Cœur du bon Pasteur !

D'autres dévouements surgirent — à leur tête, Madame de Laboucette organisa l'œuvre ; l'Archiconfrérie de Notre-Dame Auxiliatrice fut créée : cadre vaste et puissant, tout à fait propice aux développements de l'avenir.

Cependant le cyclone se déchaînait, des milliers d'écoles chrétiennes étaient détruites, la plupart sans espoir de relèvement ; alors de toutes parts des initiatives se produisirent ; des œuvres se fondèrent : l'Esprit de Dieu soufflait sur les ruines *et les patronages apparaissaient comme la végétation printanière aux rayons d'un soleil nouveau.*

D'un côté la main divine avait préparé le cadre, accompli le moule parfait de l'Œuvre générale; de l'autre elle faisait fondre et bouillonner dans la fournaise du zèle le plus pur et le plus ardent le métal précieux qui allait le remplir.

De quelle manière?

L'avenir le dira, avec une profonde reconnaissance, pour les chefs vénérés du diocèse de Paris, si profondément dévoués à la cause populaire; sous leur impulsion les initiatives se groupent, les groupements s'unissent à leur tour; tout se fond peu à peu dans l'Archiconfrérie de Notre-Dame Auxiliatrice qui ajoute à ce titre déjà si glorieux celui de sainte Clotilde, l'illustre modèle de la femme chrétienne devenue apôtre!

Il fallait maintenant un livre pour parfaire cette œuvre de fusion, un livre pour pénétrer d'un même esprit les apôtres des patronages, un livre pour leur suggérer les mêmes méthodes, un livre enfin pour les enflammer d'un même zèle.

Et c'est à ce moment que vous m'envoyez le vôtre!

J'ose dire qu'il est une nouvelle « gâterie » de la Bonté divine pour notre chère Œuvre, tant il vient à son heure! — petit livre tant qu'il vous plaira! — mais petit livre providentiel! c'est son premier mérite et combien précieux!

Il en a d'autres. Vous êtes née « écrivain ». Vous en avez la verve heureuse ; votre plume court et toujours avec le mot juste, la phrase agréable, le développement logique, la pensée claire, jaillissante. Vous y joignez, dans toute la seconde partie du livre, une documentation précise, authentique, très riche, pleine d'intérêt : que désirer de plus ?

Et cependant, vous êtes apôtre avant tout : rien n'est perdu, rien n'est pour vous — pas un iota ! — tout est pour instruire, édifier, encourager ; tout va droit à la plus grande gloire de Dieu, au plus grand bien de nos chères enfants.

Merci en leur nom, de tout cœur.

Un autre mérite de votre livre, c'est votre parfaite mesure et la sûreté de vos appréciations. — J'ai admiré, en particulier, comment l'amour de nos chers patronages ne vous a pas entraînée, comme tant d'autres, jusqu'à les préférer à l'école libre. Des écoles d'abord ! Des écoles coûte que coûte ! quand la dernière tombera, les patronages seront attaqués ; et puis, n'est-ce pas un principe intangible qu'il n'y a point d'enseignement possible sans Dieu !

Mais surtout ce qui donne à votre livre sa plus grande autorité, c'est qu'il est vécu : on y sent, à chaque ligne, l'expérience de la Directrice du Patronage de la paroisse de Sainte-Clotilde et celle de la Secrétaire de l'Œuvre générale des Patronages ;

comme le divin Maître, vous avez agi avant d'enseigner ; votre livre, c'est vous ! voilà pourquoi encore il fera beaucoup de bien.

Oserai-je ajouter un dernier détail intime ? Vous l'avez écrit au milieu de souffrances continuelles, qui ont mis plus d'une fois votre vie en danger ; vous vous consoliez de ne plus pouvoir agir ni parler, en écrivant ; comment Dieu ne bénirait-il pas un tel travail ? il porte le signe de la plus auguste fécondité qui soit sur terre, celui de la douleur acceptée à tout instant par amour pour Lui et pour le salut des âmes.

Que votre cher Manuel se répande donc de toutes parts dans notre Œuvre générale et au delà ! Qu'il devienne le Conseiller, l'Ami, l'Aide quotidien de nos vaillantes Directrices et de leurs Auxiliaires ! Qu'il entre partout où il y a des enfants, des jeunes filles à préserver, à former au bien, à sauver !

Qu'il pénètre dans la solitude où se consume l'âme brisée, dans le rêve où languit l'âme inutile, dans le tourbillon où s'étourdit l'âme mondaine et que partout — au manoir, dans nos cités, au loin — il dise qu'il y a grande pitié dans le royaume de France ; qu'il n'est plus permis de perdre son temps, son or, ses dons de toutes sortes ni encore moins ses larmes et ses souffrances dans une vie égoïste et sans profit pour personne ! Ainsi, puissiez-vous contribuer, pour votre part, à la levée *en masse de toutes les vaillantes Françaises pour secourir notre jeunesse menacée. Qu'elles se recrutent, s'excitent, s'encouragent les unes les autres! Qu'elles deviennent légion, et que, toutes, formant une armée, sauvent les âmes de nos enfants et avec elles la France tout entière, au cri de sainte Clotilde: « Vive le Christ qui aime les Francs! »*

L. LENFANT,
Chanoine honoraire de Paris,
Curé de Saint-Antoine,
Directeur de l'Œuvre générale des Patronages.

AVERTISSEMENT

Le petit recueil que nous publions aujourd'hui a pour origine quelques pensées que nous avions jetées sur le papier en 1901, alors que nous commencions péniblement à remplir nos fonctions de Directrice de Patronage.

Ces notes, communiquées d'abord au Directeur de notre Patronage, qui nous fut alors d'un si grand secours dans notre formation de Directrice, ont été remaniées, coupées, corrigées, de manière à guider d'autres Directrices.

Lorsque parut l'excellent ouvrage de M. l'abbé Schaefer, nous hésitâmes un instant à publier nos simples pages. Toutefois il nous a semblé que nos deux ouvrages se complétaient l'un l'autre : en effet le zélé aumônier du Patronage de Saint-Joseph de Plaisance nous apprend : « Comment diriger nos patronages de jeunes filles. » Dans notre modeste opuscule nous avons surtout cherché à faire œuvre de psychologie féminine : le cœur des directrices, des auxiliaires, des enfants, les moyens d'action morale, voilà ce que nous avons surtout étudié. Puissent ces quelques conseils guider de jeunes Directrices et leur éviter les tâtonnements, les erreurs, les fautes même des débutantes inexpérimentées !

C'est le plus cher désir de celle qui écrit ces lignes, et qui, elle aussi, a connu les erreurs, les tâtonnements des débutantes. Aujourd'hui encore, tout en se hasardant à donner aux autres des conseils, elle est toute prête à se redire à elle-même la parole connue : « Médecin, guéris-toi toi-même. »

INTRODUCTION

L'œuvre des Patronages est une des œuvres les plus nécessaires à l'heure actuelle. Les ennemis de la Religion ont compris que, pour arracher la foi du sol béni de la Fille Aînée de l'Église, il fallait déchristianiser la jeunesse. Pour arriver à ce but abominable, ils ont interdit tout enseignement religieux dans les écoles, en chassant jusqu'à l'image bénie du Divin Maître ! Mais nos zélés Pasteurs se sont émus, ils ont voulu sauver l'avenir de la France, enseigner le nom de Jésus à tant d'enfants privés du bienfait de l'instruction religieuse ; et comme les prêtres ne pouvaient suffire seuls à ce ministère, des âmes chrétiennes leur ont volontairement servi d'auxiliaires. C'est ainsi que l'œuvre des Catéchismes a été fondée. Quant à l'œuvre des Patronages, qui existait déjà (1), la persécution lui donna un nouvel essor.

L'œuvre des Catéchismes nécessite, de la part de ses associées, une sérieuse instruction religieuse et une grande régularité. Il s'agit d'apporter son concours à une paroisse déterminée et de donner aux enfants, suivant leur intelligence, des explications sur le sens du catéchisme tout en leur enseignant la lettre. C'est un noble programme, mais il est nettement délimité.

L'œuvre des Patronages est autrement complexe : il ne s'agit plus seulement d'apprendre le catéchisme aux enfants, de les préparer à leur première Communion sous une direction sacerdotale. Non, il s'agit de faire persévérer les enfants. *Les faire persévérer,* alors que les parents se réjouissaient *d'être bien débarrassés, maintenant que la Communion est faite.*

Oui, *la communion,* c'est-à-dire l'unique, la première et la dernière.

Tous n'en sont pas là heureusement. Mais

(1) Les premiers Patronages furent fondés en 1847.

presque tous, déplorant le temps *perdu* au catéchisme, sont bien décidés à faire passer l'école avant tout, et la persévérance religieuse des enfants les inquiète peu. Quelle souplesse, quelle diversité de moyens il faut trouver alors pour assurer la persévérance de la première communiante d'hier, et former la jeune fille chrétienne de demain !

C'est le but de l'œuvre des Patronages, œuvre d'instruction religieuse, mais surtout œuvre d'éducation, œuvre maternelle qui doit allier l'utile et l'agréable, le sérieux et l'amusant, s'adapter à toutes les âmes pour les gagner toutes à Jésus-Christ.

Cette œuvre est d'une telle importance que nos adversaires s'en sont émus et ont multiplié les Patronages et œuvres post-scolaires non confessionnels, c'est-à-dire athées ou francs-maçons.

Malgré les ressources dont ils disposent pour attirer la jeunesse, bientôt blasée des plaisirs mêmes, ils ne réussiront jamais complètement, car il leur manque ce qui fait la sève et la vie de nos Patronages catholiques : le dévouement surnaturel des cœurs chrétiens, dévouement qui attire invinciblement les âmes d'enfants.

Que de fois notre vénéré Cardinal Richard a daigné nous répéter cette pieuse et consolante assurance !

Ne nous décourageons donc pas !

Les patronages sont vraiment l'œuvre des temps actuels. Mais, nous le répétons, c'est une œuvre difficile parce qu'elle est complexe.

La tâche est bien lourde, spécialement pour celles sur lesquelles pèse la responsabilité de ces chères âmes. Aussi, lorsque les zélées Directrices commencent leur carrière d'apostolat, combien elles ont au cœur le douloureux sentiment de leur inexpérience ! C'est pour venir en aide à nos jeunes collègues dont la bonne volonté a besoin d'être guidée, que nous nous décidons à publier ces pages. Elles renferment quelques principes généraux s'appuyant sur des remarques d'ordre psychologique ; car, les détails varient selon les milieux, et qui voudrait conduire les œuvres de Belleville comme celles de Sainte-Clotilde ou celles de Ménilmontant comme celles de la Madeleine, échouerait. C'est par son tact que chaque Directrice doit adapter sa manière de faire au milieu particulier où Dieu l'appelle à travailler.

A cet aperçu psychologique, nous avons cru devoir ajouter des renseignements d'ordre pratique, qui nous étaient constamment demandés par nos correspondantes de l'Œuvre générale des Patronages. D'où notre deuxième partie intitulée : *Renseignements pratiques sur l'organisation de l'Œuvre Générale des Patronages et des œuvres de Jeunesse;* et, notre troisième partie ou appendice : *(Comment fonder un patronage, spécimens de divers règlements de Patronages et de programmes de fêtes, les associations pieuses dans divers Patronages, catalogue de la bibliothèque de la Directrice.)* Ainsi, nous aurons répondu aux questions d'ordre moral et d'ordre pratique si nombreuses de nos jeunes Directrices et Fondatrices de Patronages. Ce petit livre n'est pas seulement dédié aux Directrices, il est aussi écrit pour les auxiliaires qui partagent leur tâche en une certaine mesure ; il est donc bon que ces jeunes filles connaissent les principes de l'œuvre, qu'elles comprennent les peines et les difficultés de leurs Directrices. Un chapitre de ce petit manuel leur est d'ailleurs consacré spécialement. Certaines jeunes filles, en effet, ne connaîtront que la tâche d'auxiliaires, le mariage ou le couvent les éloignera bientôt du Patronage. D'autres, au contraire, trouveront là le moyen de réaliser leur plus cher désir : travailler à la gloire de Dieu et au salut des âmes. Se dévouer à ces pauvres petites élèves des écoles laïques leur semblera un apostolat approprié aux temps actuels. Elles sacrifieront non seulement les joies du foyer domestique, mais la paisible et douce contemplation du cloître pour la vie surmenée des Patronages. Elles voudront suivre les pas de leurs devancières, les fondatrices des premiers Patronages de Paris, Mlles Payen, Erdeven et Viollet dont toute la vie fut consacrée aux Patronages ! Oui, ces généreuses apôtres qui braveront les critiques du monde et se décideront *toutes jeunes encore à être vieilles filles,* ne resteront pas longtemps auxiliaires. Tant de Patronages réclament des Directrices ! Puissent-elles donc, elles aussi, trouver quelque secours dans ces pages, pour mieux comprendre la vocation de Directrices de Patronage, et se préparer à l'avance au jour où Dieu leur confiera la direction d'un Patronage !

PREMIÈRE PARTIE

Psychologie du Patronage

CHAPITRE PREMIER

Des Patronages catholiques en général. Le zèle pour le salut des âmes.

> J'ai soif ! *Sitio !*
> (S. Jean, xix, 28.)

Avant de commencer une œuvre, il est nécessaire de la connaître à fond, dans son but et dans ses moyens : c'est pourquoi toute personne qui accepte la direction d'un Patronage doit préalablement savoir en quoi consiste cet apostolat si complexe, si universel, et pourtant d'apparences si simples. D'abord, déclarons-le bien haut, le Patronage est une œuvre d'*apostolat chrétien*. Le zèle pour la gloire de Dieu et le salut des âmes, voilà le vrai motif qui a inspiré la fondation et la direction de tant de Patronages !

Ce but primordial bien établi, voyons les caractères particuliers, et la définition propre à cette œuvre de jeunesse qu'on appelle le Patronage.

Qu'est-ce que le Patronage ?... « C'est, dira quelque personne inexpérimentée, un endroit où l'on réunit, le jeudi et le dimanche, les enfants, pour les faire échapper au danger de la rue. » — Mais, si le Patronage n'est *que cela*, au premier jeudi sans patronage, vos enfants seront donc perdues ?...

Qu'est-ce encore que le Patronage ? Un endroit où l'on réunit les enfants pour leur faire accomplir leurs devoirs de chrétiennes ? Un cours religieux, sorte de catéchisme de persévérance destiné à compléter une instruction chrétienne rudimentaire, déjà peut-être oubliée ? Un agréable lieu de récréation où des jeux innocents enlèvent aux enfants le désir d'autres plaisirs défendus ?

Sans doute, il y a de *tout cela* au Patronage, mais si nous n'y voyions *que cela*, notre notion du Patronage serait incomplète.

Le *Patronage est une œuvre d'éducation morale et religieuse complète*, continuant l'œuvre de l'école chrétienne, ou complétant les lacunes de l'école sans Dieu ; il a pour but d'*enraciner dans le cœur des enfants des convictions profondes, un amour de Dieu ardent qui les fasse continuer à le servir, et à pratiquer leur foi, malgré les difficultés qu'elles rencontreront dans la vie.*

Si vous n'atteignez pas ce but, vous avez bâti sur le sable. — En vain, par des notes et des bons points, avez-vous obtenu l'exactitude à la messe, *si la conviction n'y est point, vous n'avez rien fait*. Les jeux, les bons points, les distractions, les distributions de récompenses sont choses utiles pour *attirer* les enfants, c'est la confiture qui fait manger le pain, mais ce n'est pas le pain substantiel qui entretient la vie. Votre affection est chose encore plus nécessaire, car l'enfant veut se sentir aimé ; seule pourtant, elle sera stérile. — L'instruction religieuse ainsi que les avis pieux sont surtout indispensables, et doivent être régulièrement donnés avec sagesse et intelligence : mais, ils ne sont encore que des moyens. Ne confondons pas les *moyens* et le *but*. Répétons-nous à nous-mêmes cette définition et méditons-la, nous y trouverons grand profit : « Le Patronage est une œuvre d'éducation morale et religieuse complète. »

Aux parents, présentons simplement le Patronage comme une sorte de réunion de famille, où nous serons heureuses de retrouver des enfants que nous aimons, pour leur faire accomplir toutes ensemble leurs devoirs religieux, et leur procurer quelques délassements.

« Pour les enfants des écoles chrétiennes, écrit une de nos anciennes directrices, le Patronage est le prolongement de l'école (1).

Pour les enfants des écoles communales, le Patronage est plus étendu : il comprend les *petits*, c'est

---

(1) Toute cette longue citation est extraite des *Notes d'une Directrice* (1ᵉʳ cahier, signé Marie-Lucie.)

le catéchisme, les *grands*, c'est la persévérance, le *Patronage*, le Patronage proprement dit.

Instruction, éducation, voilà tout le travail du Patronage. Le Patronage est tout entier dans cette pensée : « Mettre Dieu dans les intelligences, c'est toute l'instruction ; mettre Dieu dans les cœurs comme dans les intelligences, c'est toute l'éducation » (Mgr BAUNARD, *Le Collège chrétien*), et encore dans cette autre : « Montrer Jésus, c'est toute l'instruction ; former Jésus, c'est toute l'éducation » (Mgr GAY).

Le but du Patronage, c'est la formation à la vie chrétienne ; le moyen, c'est l'amusement et ce qui peut aider au bien du patronné : placement, instruction professionnelle, etc. L'œuvre est immense par l'étendue qu'elle peut comporter. Les enfants patronnés ne la composent pas seuls, il faut voir aussi les maîtres qui les instruiront, les amuseront, et là, autre champ d'apostolat aussi vaste que le premier.

Demandons à la classe riche de venir à la classe laborieuse, ce serait la solution la meilleure de la question sociale. Sortir les jeunes filles « du monde », de l'égoïsme, « du nul » de leur vie, viser à les évangéliser, elles aussi, quelquefois dans le sens théorique, le plus souvent dans le sens vraiment pratique. — L'aumône, la vraie, c'est avant tout : le don de soi.

C'est donc du Patronage que nous nous occuperons et en particulier de celui destiné aux enfants des écoles communales. « Ce n'est hélas ! qu'un palliatif destiné à atténuer le mal fait par l'école sans Dieu, il ne remplacera jamais la bienfaisante influence que l'action continue, journalière du maître chrétien acquiert sur l'enfant confié à ses soins. » (M. l'abbé LENFANT.)

Il faut savoir le reconnaître, en convenir et se séparer des enfants susceptibles d'être envoyés à l'école chrétienne. »

Sans doute, la supériorité incontestable de l'école chrétienne sur l'école laïque nous fait un devoir de nous séparer joyeusement, sans regret sentimental, de celles de nos enfants qui se décident à quitter « la laïque » pour l'école chrétienne : et nous devons encourager les parents dans cette voie ; toutefois, il faut agir avec tact et prudence pour ne pas compromettre le Patronage vis-à-vis de l'école communale.

Quoi qu'il en soit, un grand nombre d'enfants vont à l'école laïque ; c'est à celles-là que nous incombe le devoir de donner au Patronage une éducation chrétienne.

Nous verrons les difficultés de toutes sortes qu'engendre cette œuvre. Mais ne nous décourageons pas. Il s'agit de sauver des âmes !

Lorsque Notre-Seigneur Jésus-Christ agonisait sur la croix, il fit entendre cette plainte déchirante : « J'ai soif ! » Oh ! sans doute, la soif matérielle dévorait le *Sauveur crucifié*, épuisé par tant de tourments ! Pourtant il ressentait une autre soif encore plus ardente, une soif spirituelle, la soif du salut des âmes ! C'était pour le salut de toutes, sans exception, que Notre-Seigneur souffrait et mourait : mais Il savait que, par leur faute, beaucoup ne profiteraient pas de la Rédemption.

Sa prescience lui montrait tant d'âmes que le démon et les méchants chercheraient à lui ravir ! C'est pourquoi il murmura : « J'ai soif. »

A nous de désaltérer cette soif mystique de notre divin Maître ! A nous de lui conserver ces âmes d'enfants que les sectaires veulent lui arracher ! Travaillons sans faiblir au salut des âmes : lorsque la tâche nous paraîtra dure, regardons notre crucifix, et écoutons Notre-Seigneur nous dire : « J'ai soif ! »

CHAPITRE II

Le Patronage laïque.

> « Allume-t-on une lampe pour la mettre sous le boisseau ? »
> (S. Matth., v, 15.)

Qu'est-ce qu'un Patronage laïque ?

Tout d'abord on pourrait croire que cette dénomination s'applique exclusivement aux Patronages de nos adversaires, athées ou francs-maçons.

Pourtant, l'usage a prévalu d'appeler ainsi, par abréviation, les Patronages réunissant les enfants des écoles communales, des écoles laïques, de « la laïque » selon leur expression, par opposition aux Patronages des écoles des Sœurs ou écoles libres chrétiennes. Les Patronages d'écoles chrétiennes portent habituellement bravement leur drapeau. Dans les Patronages réunissant les enfants des écoles laïques, il arrive parfois malheureusement que, sous prétexte d'attirer un plus grand nombre d'enfants et de ne pas effrayer des parents indifférents ou hostiles, certaines personnes leur donnent un aspect *laïque ;* elles laissent une trop grande place aux récompenses, aux fêtes et dissimulent la note religieuse.

Lors même qu'un Patronage réunit des enfants *appartenant à l'école laïque*, ce Patronage doit être *franchement chrétien*, et l'on ne doit pas craindre de l'afficher tel, ouvertement. — Vos enfants, chère Directrice, sortent de *l'école sans Dieu*, elles ont donc doublement besoin d'entendre parler, au Patronage, de ce Dieu, dont on leur cache le nom si soigneusement. — Mais, direz-vous, si nous nous montrons ostensiblement *Patronages chrétiens*, cela effrayera les parents ?... Et puis, trop de religion ennuiera les enfants ?... — Objections sans valeur !... D'abord les parents ne sont pas toujours opposés à la religion ; cela dépend des quartiers et des individualités ; en général, ils sont plutôt indifférents. Cependant admettons qu'ils soient hostiles ; pensez-vous pouvoir leur cacher le but religieux du Patronage ? Ne vous verront-ils donc jamais mener leurs filles à l'église ? Ne sentiront-ils pas l'influence religieuse qui atteindra peu à peu leurs chères enfants ?

Gardez-vous de donner à votre Patronage, même vis-à-vis des parents, une *étiquette laïque*... Vous abaisseriez votre Œuvre à l'état de *nursery* ou de salle de récréation, et vous-mêmes, passant à l'état de bonnes d'enfants, ne seriez guère considérées ! Dites au contraire : « Nous voulons que

vos enfants soient de bonnes chrétiennes, qui comprennent bien leurs devoirs envers Dieu et envers leurs parents; nous voulons vous les rendre affectueuses, respectueuses et soumises ; car l'accomplissement des devoirs filiaux et des devoirs d'état, voilà ce que le bon Dieu demande d'elles. »
— Ainsi les parents n'en estimeront que davantage votre tâche et votre caractère. Les hostiles seront ébranlés ; les indifférents, étonnés, vous diront, comme s'ils venaient de faire une étrange découverte : « Mais, enfin, c'est une *espèce de vocation* que vous avez là ?... C'est bien beau, car nous ne demandons pas mieux que nos enfants apprennent la religion, mais nous n'avons *pas le temps* de nous en occuper, et il y en a tant comme nous !... de sorte qu'on est bien heureux de trouver *des demoiselles qui se consacrent à ça,* et ont tant de patience avec nos enfants ! »

Oui, laissez-les croire à votre *espèce de vocation,* cela les ramènera, un jour, au Dieu qui inspire de telles vocations !

Enfin, dira-t-on, il ne faut pas *ennuyer* les enfants... Quoi ! notre sainte religion n'est-elle pas, au contraire, si on la comprend et la pratique comme il faut, divinement attrayante ? — Hélas ! la sottise et l'étroitesse humaines seules défigurent et rendent odieuse notre noble et sublime religion. Sachons donc la faire aimer : soyons convaincues que tout en s'adressant aux enfants des écoles laïques, le Patronage doit garder un caractère franchement religieux.

Enfin, ce Patronage est encore appelé laïque, parce qu'il est dirigé par des laïques : la plupart, cependant, vivent de dévouement à Dieu et aux âmes. En tous cas, les Directrices doivent être *vraiment pieuses*. — Étant *trop laïques*, elles ne feraient rien de bon !... D'ailleurs le Patronage n'est pas une *œuvre laïque*, puisque c'est une *œuvre paroissiale*, dépendant de la paroisse, du clergé séculier, dirigée par le curé ou par un vicaire, qu'il désigne. Cette influence paroissiale, acceptez-la avec joie : ne cherchez pas, directrices de patronages, à vous rendre indépendantes du clergé, vous deviendriez alors *vraiment laïques* et manqueriez votre but.

Que nos Patronages soient franchement et ouvertement religieux, ou fermons-les. Car le Sauveur a dit : « On n'allume pas une lampe pour la mettre sous un boisseau. » — Ne cachez donc pas la flamme divine que vous voulez allumer dans le cœur de vos enfants. Levez fièrement l'étendard de la religion. — Soyez les Patronages *religieux* des enfants des *écoles laïques*.

Nota. — Les Directeurs et Directrices nouvellement nommés nous adressent parfois ces questions : Dans quelle mesure le prêtre doit-il paraître au Patronage ? Quels sont les rôles respectifs du Directeur et de la Directrice ?

Il ne nous appartient pas de trancher cette question complexe et délicate : nous nous bornons seulement à reproduire à titre de documents : 1° l'extrait des statuts synodaux diocésains de 1902 ; 2° les lignes succinctes qui résument la réunion des Directeurs de Patronages, présidée par M. l'abbé Odelin le 23 avril 1903, et où fut discutée cette question.

1° *Extrait des Statuts synodaux diocésains de 1902.*

N° 555. — Les Patronages sont, pour la conservation de la jeunesse ouvrière, l'œuvre la plus importante d'une paroisse. MM. les Curés en confieront la direction à des prêtres à la fois zélés et prudents.

Les Curés assureront la continuité de l'Œuvre, en donnant comme auxiliaire au Vicaire qui en sera chargé, un de ses confrères qui puisse le remplacer au besoin.

Dans les Patronages de garçons, le Vicaire directeur devra se faire aider par des hommes ou des jeunes gens chrétiens, et en particulier, par des membres des Conférences de Saint-Vincent de Paul.

N° 545. — Les Patronages de jeunes filles exigent, de la part du Directeur, une grande prudence. Celui-ci gagnera la confiance des enfants par sa bonté ; mais il conservera toujours dans ses rapports avec elles la réserve qui convient à son ministère. Cette réserve, qui ne saurait être poussée trop loin en des temps difficiles comme les nôtres, s'impose particulièrement dans les récréations, promenades et préparatifs de fêtes.

Le prêtre devra toujours avoir comme auxiliaires

soit des religieuses, soit des femmes chrétiennes qui entreront dans les détails de la vie des jeunes filles auxquels un prêtre ne doit pas être mêlé ; mais il ne devra pas leur laisser la responsabilité de l'instruction religieuse et la donnera lui-même de temps en temps et tâchera d'encourager les enfants à se présenter aux examens religieux de l'archevêché.

N° 547. — MM. les Curés s'intéresseront par eux-mêmes aux Patronages, et auront soin, par des visites renouvelées de temps en temps, d'encourager le zèle des Directeurs et de se faire connaître des enfants qui fréquentent l'Œuvre.

2° *Résumé de la Réunion des Directeurs de Patronages, présidée par M. l'abbé Odelin, du 23 avril 1903.*

« Sans le concours du prêtre, le Patronage est et reste une œuvre laïque qui peut être utile sans doute, mais dont l'efficacité s'arrête en chemin et n'aboutit pas à la formation vraiment chrétienne des âmes.

« Il doit y avoir entente et union de vue entre l'aumônier et la directrice. Les deux autorités ont besoin de se soutenir et de s'appuyer l'une sur l'autre, et, tout bien examiné, c'est une question de bonne volonté et de tact réciproques. »

Ces documents authentiques nous indiquent les deux écueils à éviter : d'une part la familiarité trop grande du prêtre avec les enfants d'où pourraient résulter de si graves inconvénients ; d'autre part, au contraire, l'ingérence de la Directrice et son influence indiscrète dans les matières spirituelles. Les temps sont mauvais, et la plupart des enfants sont si dépravées qu'on ne saurait être trop prudent; mais Dieu a attaché à l'action du prêtre, à sa sainte parole, une si grande bénédiction que nous serions coupables d'en priver nos enfants.

CHAPITRE III

Psychologie féminine.
Le cœur de la jeune fille du peuple.

> « Celui qui m'aime sera aimé de mon Père, et moi je l'aimerai et je me manifesterai à lui, et nous ferons en lui notre demeure. »
> (S. Jean, XXIV, 21.)

Combien méconnaissent les femmes, faute de les bien connaître ! Combien, comme La Bruyère (1), les raillent et les critiquent faute d'avoir vu près d'eux une mère, une sœur, une épouse dont le dévouement admirable eût été la réfutation de leurs théories erronées ! Pourtant, il faut l'avouer : les femmes sont complexes et parfois impénétrables.

Qui donc a compris véritablement les femmes ? Celui qui sonde les cœurs et les reins et lit dans les pensées les plus secrètes, le Sauveur Jésus. C'est lui qui réhabilita Marie-Madeleine par ces mots sublimes : « Beaucoup lui sera pardonné

---

(1) On sait que La Bruyère était tout jeune lorsqu'il eut le malheur de perdre sa mère et qu'il ne se maria jamais.

parce qu'elle a beaucoup aimé. » C'est qu'il savait, ce divin Maître, les trésors de tendresse que recélait le cœur de Marie-Madeleine, ce pauvre cœur longtemps égaré, mais à présent livré généreusement et sans réserve à son divin amour. Pour *connaître* les femmes, il faut *connaître leur cœur :* pour les *excuser*, il faut comprendre un peu tout ce qu'elles ont à souffrir moralement et physiquement.

Dans la préface de la vie de la bienheureuse Marguerite-Marie, Mgr Bougaud a écrit ces quelques lignes caractéristiques : « Inférieure à l'homme par les dons de l'esprit, la femme lui est supérieure par les dons du cœur : elle aime plus, elle aime mieux ; elle ne sépare pas dans sa pensée l'*amour du sacrifice*, et, pour elle, aimer c'est toujours s'immoler. »

Tout le secret des âmes féminines est là. Dès l'enfance ce besoin d'affection, de dévouement, se révèle chez la petite fille par les soins naïfs qu'elle prodigue à ses poupées, à ses oiseaux ; un peu plus tard, sa sollicitude s'épanche sur ses petits frères et sœurs, si elle a le bonheur d'en avoir. Mais, vers dix-huit ans, — parfois dès seize et dix-sept ans, — quelle nostalgie s'empare, pour plusieurs années, du cœur de la jeune fille dans toutes les conditions sociales où elle se trouve ? Le travail ne peut suffire à distraire celle qui gagne sa vie, ni le plaisir à étourdir l'enfant choyée et adulée par le monde. Qu'a-t-elle ? Demandez-le-lui. Elle l'ignore elle-même longtemps. Puis, un jour viendra, jour terrible, jour affreux où elle se dira en elle-même : « Je me sens isolée. Je n'ai pas autour de moi de véritable affection. Les affections de la famille, qui avaient fait mon bonheur jusqu'à ce jour, ne me suffisent plus. J'ai besoin d'aimer et d'être aimée. »

La pauvre enfant sera peut-être épouvantée et se croira coupable d'éprouver ce sentiment inconnu ; et surtout si son jeune cœur commence à s'attacher inconsciemment, son trouble sera encore plus grand. Elle n'ose en parler à son confesseur, craignant d'être incomprise ; à sa mère encore moins : sa mère serait peinée de voir que son affection ne suffit plus à sa fille. Alors la malheureuse enfant se renferme de plus en plus, sans se douter qu'elle traverse une crise commune à presque toutes les jeunes filles. Et, lorsqu'on l'interroge, elle ne sait plus que dire, en pleurant, un navrant : « Je m'ennuie ! »

Pour guérir ce mal, il n'y a que deux remèdes : le mariage, c'est-à-dire le dévouement conjugal et maternel, ou bien, pour quelques âmes privilégiées, l'amour unique du Sauveur avec l'adoption spirituelle de ceux qui ont besoin de mères selon la grâce. Car ce *mal* inconnu qui étonne la jeune fille, c'est un *bien :* c'est la manifestation du besoin d'amour, de dévouement que Dieu a mis si abondamment dans les cœurs féminins.

Dieu nous a *créées mères,* soit selon la nature, soit selon la grâce. C'est pourquoi, quand nous ne le sommes pas d'une de ces manières, notre vie est manquée. C'est pourquoi quelques âmes, même pieuses, mais ne comprenant pas le véritable apostolat, se replient sur elles-mêmes et ne s'occupent que de leurs peines ou épreuves. C'est pourquoi encore tant de jeunes filles cherchent à s'étourdir par le monde. Cette tendresse qui déborde de nos cœurs arriverons-nous jamais à l'étouffer ? Certes, non ! Lacordaire a écrit : « Je ne croirai jamais que le cœur s'use, et je sens tous les jours qu'il devient plus fort et plus tendre, plus séparé des liens du corps à mesure que la vie et la réflexion détruisent les liens où il est étouffé. » Le saint religieux parle ici de l'amour s'épurant, s'élevant, se surnaturalisant, n'aimant plus qu'en Dieu, et à cause de Dieu. Transformons surnaturellement notre amour, mais restons aimantes et dévouées : une femme sans cœur est un monstre !

Il arrive souvent que le besoin d'affection des jeunes filles ne peut être dirigé dans aucune des deux voies dont nous avons parlé. La vocation à une vie parfaite n'est pas celle de toutes. Quant au mariage, combien de jeunes filles ont ce désir sans pouvoir le réaliser ? La pauvre ouvrière ne se marie pas facilement. Alors, que de tentations pour elle ! La coquetterie, la légèreté sont de mauvaises conseillères ; mais le cœur est, sans doute, pour elle un danger plus grand encore. Combien une parole flatteuse et aimable retentit mélodieusement à l'oreille de cette pauvre travailleuse, peut-être rudoyée par les siens, et privée de tendresse et d'affection !

N'accablons pas de nos mépris celle qui tombe ! Plaignons-la. Relevons-la. Nous ne savons pas quelles furent ses souffrances, et peut-être sa naïve ignorance. Mais appliquons-nous à la préserver. Et, pour y arriver, trouvons un dérivatif à son amour, à son dévouement pendant sa vie de jeune fille, en attendant que Dieu lui donne d'autres devoirs. Apprenons-lui à se dévouer à ses parents, à ses frères et sœurs : donnons-lui une tâche d'apostolat au Patronage. Enseignons-lui à prier, à souffrir pour la conversion des pécheurs. Ne la laissons pas se dessécher et devenir égoïste. Les jeunes filles du peuple ont un cœur d'or, bien que caché parfois sous une vulgaire enveloppe. C'est un de nos devoirs d'éducatrices chrétiennes de découvrir les trésors cachés dans leur cœur, d'y développer le dévouement et d'en chasser sans pitié l'égoïsme quand il s'y trouve par hasard, ce qui est rare.

Le dévouement est habituellement inné dans les cœurs féminins : dévouement délicat de l'épouse qui se prétend heureuse alors que son mari la brutalise, de la mère qui s'épuise à passer des nuits entières au chevet de son enfant malade plutôt que de le confier à des mains étrangères ! Le cœur n'est pas seulement une source de souffrances par ses aspirations d'amour et de dévouement parfois refoulées, mais il est encore souvent brisé par les déceptions de la vie, les jalousies et les ingratitudes humaines. Qui saurait exprimer les tortures qu'on peut infliger à un cœur de femme, trop fier pour se plaindre, mais trop tendre pour ne pas saigner cruellement ? Pauvre cœur ! apprenons-lui à se tourner vers l'Amour infini qui seul peut le combler et le consoler !

Il me reste à parler de la souffrance physique : combien elles souffrent nos chères petites ouvrières parisiennes ! Mises en apprentissage dès 13 ans, enfermées sans air, mal assises, sur des tabourets très hauts et sans dossier — ou obligées de sortir par la pluie et la neige, avec de pauvres bottines bien souvent percées, portant des paquets trop lourds pour leur frêle taille, qui est bientôt déviée, obligées de manœuvrer la machine à coudre si funeste à certaines santés, et de pédaler ainsi de longues heures au prix de vraies souffrances, qui ne sont pas hélas ! sans inconvénients pour l'avenir ! Pauvres petites ! Lorsque le soir elles rentrent chez elles, harassées de fatigues, il leur faut brosser leur misérable jupe couverte de boue — la reborder, la raccommoder. — Elles se couchent donc bien tard, même quand elles ne veillent pas chez leurs patronnes : et que de fois elles veillent ! Le matin, il faut être à l'atelier à 7 h. 1/2 ou 8 heures, ayant fait leur lit, rangé leur chambre. Quel court repos ! Comment s'étonner que ces pauvres enfants soient énervées et maussades ? Elles souffrent tant physiquement et moralement ! Trop fières et trop délicates pour se plaindre, elles sont parfois si timides, si gênées, qu'elles s'évanouiraient plutôt que d'avouer leurs souffrances.

On accuse les femmes d'être un peu « rouées », comme on dit vulgairement. Obligée d'obéir à un maître parfois brutal, la femme dit explicitement ou tacitement : « Je n'ai pas la force, mais j'arriverai à ce que je veux par l'adresse. » Telle est la leçon que la petite fille du peuple apprend souvent de sa mère. C'est pourquoi notre éducation, à nous, Directrices, doit unir une aimable douceur à une grande fermeté ; il ne faut pas opprimer davantage ces natures déjà habituées à se laisser dominer par la force. Malgré sa timidité, la femme a au fond du cœur des convictions sincères et est moins portée au respect humain que l'homme. Développons donc ses convictions, et nous en ferons, avec la grâce de Dieu, une créature dévouée, forte, courageuse, résignée, loyale, prête à tout pour défendre sa foi.

La femme est coquette, trop souvent, hélas ! mais peut-être est-ce parce que son esprit n'ayant pas été dirigé vers les grandes choses s'est occupé des mesquineries de la vanité et des futilités de la toilette ? Oh ! détournez-la donc, la pauvre enfant du peuple, des falbalas, des rubans clairs et salissants ; apprenez-lui à aimer les étoffes solides et foncées avec lesquelles elle sera économiquement et proprement vêtue sans attirer l'attention. La femme est bavarde, soit encore ! Servons-nous de ce besoin d'expansion pour la bien connaître ; et mettons-la en garde contre les confidences inconsidérées faites peut-être à des indiscrets.

Servons-nous des qualités de la jeune fille et servons-nous même de ses défauts ; tournons vers Dieu cette âme aimante ; car, quelle que soit sa vocation, Dieu doit tenir la première place dans son cœur, et si cette place est refusée à Dieu, s'Il n'y règne pas, la pauvre enfant sera exposée à bien des chutes. Afin de protéger les jeunes filles, le monde a beaucoup de moyens ; pourtant une étroite surveillance n'empèche pas toujours des légèretés regrettables ; et combien une bonne conscience, maternellement formée, eût mieux gardé certains cœurs féminins que des principes d'étiquette et une surveillance facile à tromper ! Pour nos fillettes de Patronage, pas de gouvernantes qui les accompagnent, pas de mères pour surveiller leurs conversations. Seules dans les rues à des heures tardives, seules dans le petit restaurant où elles vont chercher, près de l'atelier, leur modique ration, et où, peut-être, un voisin de table leur offrira un jour de leur payer un plat supplémentaire. Funeste amabilité par où ont commencé bien des chutes : « Toute jeune fille qui accepte que quelque chose lui soit payé, que ce soit un déjeuner ou un ruban, est sur la voie qui mène à sa perte. » (D'HAUSSONVILLE, *Salaires et misères de femmes.*)

Ah ! qui la gardera, la chère enfant ? Qui lui dira qu'il vaut mieux rester une pauvre et honorable travailleuse que d'être richement vêtue comme tant de misérables qui vivent de leur déshonneur ? Quelle consolation lui offrirez-vous en retour de tant de sacrifices ? Oh ! la consolation, la force, ce sera Dieu, ce sera le Pain des forts, l'Eucharistie ! Ce seront les paroles du divin Maître appelant vers Lui ceux qui souffrent ! Tournez vers Lui ces natures aimantes, et qu'elles ne donnent jamais place en leur cœur qu'à des affections que Jésus peut approuver. Quand elles souffrent physiquement ou moralement, consolez-les doucement, sans jamais les brusquer. Oui, supportez parfois qu'elles soient *un peu pleurnicheuses ;* cela les détend et les soulage, pauvres enfants, dont les larmes viennent souvent d'un malaise physique : ces petites natures anémiques et nerveuses ont parfois une adolescence si délicate !

Mgr Dupanloup, ce grand éducateur pour lequel

la psychologie de la jeunesse semble n'avoir pas eu de secrets, avait donc bien raison de dire (*Lettres sur l'éducation des filles*, IV) : « Cet âge, cette adolescence qui est agitée et inquiète, cet état qui n'est ni la santé, ni la maladie, qui est marqué souvent par des alternatives de gaieté et de mélancolie, de sensibilité et de mauvaise humeur, doit être pris en grande considération. »

Même lorsque vous voyez de grandes et sérieuses jeunes filles pleurer pour un enfantillage, ne vous étonnez pas, car depuis plusieurs jours peut-être, ayant des raisons sérieuses de chagrin, elles ont courageusement refoulé leurs larmes : alors tout à coup la détente se produit et les sanglots éclatent pour un motif futile, petite goutte d'eau qui fait déborder le vase.

> Hélas ! les larmes d'une femme,
> Ces larmes où tout est amer,
> Ces larmes où tout est sublime,
> Viennent d'un plus profond abîme
> Que les gouttes d'eau de la mer.
>   V. Hugo (*Chants du crépuscule.*)

Soyez donc les anges consolateurs de ces pauvres enfants dont vous êtes peut-être l'unique conseillère. Souffrez avec elles, pleurez avec elles. Aimez-les, et faites-leur aimer le divin Maître ! Ayez des entrailles miséricordieuses pour elles si elles tombent, vous souvenant de la sublime excuse que Jésus leur donna : « Beaucoup leur sera pardonné, parce qu'elles ont beaucoup aimé. »

Oui, leur amour pour Notre-Seigneur conservera leur innocence ou, comme un feu ardent, purifiera par le repentir et la pénitence les fautes où elles se seront laissé entraîner. Ces âmes sont vraiment aptes à aimer beaucoup Notre-Seigneur, et par suite à toucher son cœur miséricordieux, car Il a dit : « Celui qui m'aime sera aimé de mon Père, et moi je l'aimerai et je me manifesterai à lui, et nous ferons en lui notre demeure. »

CHAPITRE IV

La Directrice intime.

> « Pour vous, soyez donc parfaits comme votre Père céleste est parfait. »
> (S. Matth., v, 48.)

Sa perfection, sa sanctification personnelle, voilà le but vers lequel toute Directrice doit d'abord tendre, si elle veut exercer une influence profonde et durable sur les enfants de son Patronage, se souvenant de cette vérité fondamentale : qu'elle *sanctifiera les autres dans la mesure où elle se sanctifiera elle-même*. Dieu, dans sa miséricorde, daigne se servir parfois pour ses œuvres de bien médiocres instruments, par pitié pour leur bonne volonté ; cependant notre devoir est de nous efforcer d'être *des instruments les moins imparfaits possible*. Sans doute il ne faut pas nous replier sur nous-mêmes, nous laisser entraver par des hésitations, des scrupules à la recherche perpétuelle d'un mieux souvent chimérique, nous absorbant en de petites dévotions surérogatoires et personnelles ; non ! nous devons aimer Dieu, largement, simplement, généreusement, profondément, être prêtes pour son amour et pour le bien des âmes à tous les sacrifices, agissant de notre mieux, sans contention, nous humiliant paisiblement de nos fautes et insuccès, *aimant surnaturellement* nos chères enfants, sans préférence choquante pour telle ou telle, et portant leur souvenir chaque jour auprès de Notre-Seigneur.

La Directrice doit *aimer beaucoup* ses enfants, c'est une condition indispensable pour *en être aimée* et pour leur faire du bien. — Tous ceux qui se sont occupés de la jeunesse sont d'accord sur ce point : « Il faut qu'un Directeur soit aimé pour manier à son gré le cœur des jeunes gens, pour les retenir dans l'œuvre, pour les porter à Dieu. S'il est le maître des cœurs, il régnera parmi les siens, et tous le suivront avec bonheur. Heureux ceux qui savent le comprendre, heureux ceux qui, sachant se faire craindre, savent encore mieux se faire aimer. Le secret en est simple ; qu'ils aiment beaucoup eux-mêmes, l'affection est une chose réciproque. » (Abbé Timon-David, *Méthode de Direction des Œuvres de jeunesse*, tome I, page 245.) — Les conseils de ce directeur expérimenté des œuvres de jeunes gens s'appliquent, à plus forte raison, aux œuvres de jeunes filles, les cœurs féminins ayant encore un plus grand besoin d'affection.

Voici maintenant ce qu'en pensait Mgr Dupanloup :

« Pour être utile aux enfants, pour ne pas se laisser décourager par leurs défauts, pour découvrir toutes leurs qualités, il faut les aimer, il faut savoir le bonheur d'en être aimé, il faut s'intéresser à eux, il faut mettre sa joie à les voir de près, il faut les étudier avec intelligence et avec amour. » (Mgr DUPANLOUP, *De l'éducation.*)

Si l'on ne comprend pas la sublimité de ces quelques mots d'un grand éducateur, on ne doit pas prétendre à la direction du Patronage, on peut être une auxiliaire docile et dévouée, mais on ne saurait remplir la tâche ardue d'éducatrice : « Étudier les enfants avec intelligence et amour, » voilà le secret pour savoir tirer parti des natures les plus difficiles, et pour en découvrir les bons côtés !

Mais, dans quel état de vie, et dans quelle situation sociale faudra-t-il recruter des directrices de Patronages ? Disons-le tout d'abord : le dévouement quel qu'il soit, et d'où qu'il vienne, trouvera toujours à s'employer au Patronage. De même que Notre-Seigneur choisit pour disciples des hommes de toutes conditions, de pauvres pêcheurs, Pierre, André, etc. ; un riche percepteur d'impôts, Lévi ou Matthieu, et le savant Nathanaël connu sous le nom de Barthélemy ; des hommes déjà âgés comme saint Pierre, et un jeune disciple, saint Jean ; des apôtres chargés de famille et un disciple vierge : de même l'œuvre des Patronages devra ne refuser aucune sorte de bonne volonté, et acceptera les services de toutes *les âmes solidement chrétiennes*.

Il est évident toutefois que la jeune fille qui n'a pas fini ses études, qui ne sort pas seule, et est encore esclave des convenances mondaines, ne peut en général jouir de la liberté indispensable à cette tâche ; elle n'a pas davantage la maturité nécessaire pour s'occuper de tous les détails d'un Patronage, et pénétrer dans certains milieux mauvais ou douteux, ce qui exciterait un légitime mécontentement dans sa famille.

La jeune femme mariée et mère de famille, retenue au foyer domestique par mille devoirs d'état, dont un des plus sacrés est l'éducation de ses enfants, n'a pas toujours, malgré sa bonne volonté, les loisirs nécessaires à la *direction complète* d'un patronage : elle doit évidemment réfléchir avant d'accepter cette responsabilité et examiner si cette charge ne sera pas au détriment de ses devoirs d'état.

Mais il est de courageuses jeunes femmes, d'une piété profonde et d'une activité inlassable, qui savent tout concilier ! Elles ont compris qu'à des temps exceptionnellement mauvais, il fallait des dévouements exceptionnellement généreux ; que, les religieuses étant expulsées, et les personnes consacrées exclusivement aux œuvres en nombre insuffisant, il fallait que toutes les chrétiennes payent à Dieu et à la France leur écot dans la mesure du possible. Alors, elles ont su, sans que leur foyer ait à en souffrir, se dévouer à l'œuvre des Patronages. Comment ont-elles pu en trouver le temps ? c'est leur secret, et celui de Dieu qui compte leurs sacrifices, qui voit leur lever matinal, leurs journées ordonnées et remplies, d'où les futilités sont soigneusement bannies. N'usant du monde que dans la mesure où leur devoir d'épouse et de mère les y oblige ; là encore, elles trouvent le moyen de servir la cause qui leur est chère et de provoquer de nouveaux dévouements aux Patronages.

Courage ! dévouées jeunes femmes ! Que Dieu fasse retomber en bénédiction sur vos chers enfants, ce que vous faites pour les enfants des autres !

Habituellement, c'est surtout dans le veuvage ou le célibat, parmi les personnes indépendantes et libres de leur temps, désireuses de se consacrer exclusivement à Dieu et aux âmes, que se recrutent nos Directrices, soit que, sacrifiant toute autre obligation sociale et même souvent les réunions de famille, elles consacrent exclusivement à cet apostolat tous les instants de leur existence ; soit que, obligées de gagner leur vie toute la semaine, elles sacrifient généreusement leur repos du dimanche et du jeudi pour le Patronage. Il semble que le cœur de la Directrice non mariée, étant libre de toute affection primordiale, pourra se donner plus complètement encore à cette maternité spirituelle, envers les jeunes filles qui lui seront confiées. Là, il est vrai, pourrait peut-être même se trouver l'écueil.

Pénétrons, en effet, dans le cœur de la Directrice qui s'est dévouée exclusivement à cet apostolat : il est faible, hélas ! comme tout cœur humain ! Dieu l'a conduite là où Il la voulait, et lui a montré le champ où elle devait exercer son apostolat ; ce champ, avouons-le, est souvent bien ingrat et les moyens de le défricher pénibles. La Sœur de Charité, qui se dévoue dans une école chrétienne, a ses enfants chaque jour sous la main ; le Patronage n'a qu'à entretenir et perfectionner, chez les élèves des Sœurs, l'éducation chrétienne. Mais la Directrice d'un Patronage d'école communale ne possède ses enfants que le jeudi et le dimanche et encore, si irrégulièrement parfois ! Elle se trouve obligée de combler les lacunes de l'école sans Dieu, en si peu de temps : deux jours par semaine pour les écolières, un jour seulement dès que l'apprentissage est commencé !

Pourtant, elle se dévoue avec ardeur à ces enfants des écoles laïques si ignorantes des vérités religieuses, car elle a compris que là était la volonté de Dieu, et *sa vocation !* Hélas ! autour d'elle, dans sa famille, nul peut-être ne l'a compris ! Sa vie paraît étrange, d'aucuns y voient une déchéance ! Mieux eût valu visiter quelques malades et quelques pauvres : mais, devenir maîtresse de pension, sortir escortée d'une bande d'enfants, les garder, les faire jouer, faire des visites à des concierges, à des commerçants, à des... marchands de vin ! Est-ce pour cela qu'il faut épuiser sa vie, se rendre esclave, subordonnant tout aux heures et jours de Patronage, se privant de réunions de famille, s'il le faut, et même de vacances, etc. Non, l'on n'a pas compris, dans son entourage, cette *œuvre nouvelle* rendue indispensable par tant de laïcisations ! De sorte qu'il y a un mécontentement latent qui subsiste : il est pénible de peiner ceux qu'on aime ! Alors, au fond du cœur de la Directrice, il y a bien des déchirements, des brisements ! Dans cette œuvre même à laquelle elle a tout sacrifié, que de difficultés, que de déboires, que de peines profondes, et de saignements de cœur ! Sans doute, elle a déposé toutes ses peines au pied du crucifix ; mais, en même temps, elle a senti redoubler son amour pour ces chères enfants, causes involontaires de sa souffrance : elle s'y est cramponnée, comme la mère à laquelle on veut arracher le petit être auquel elle a donné la vie ! Souvent il est arrivé que les enfants, semblant avoir l'intuition de ses peines, se sont montrées plus aimantes et plus confiantes le jour où la Directrice se sentait plus triste. Cependant, jeune Directrice, prenez garde ! Ce n'est pas votre *consolation* que vous devez chercher, c'est le *bien des âmes!* *N'accrochez pas votre cœur aux affections terrestres! Sursum corda!* Que l'affection que vos enfants ont pour vous *soit* **le moyen** *de les élever à Dieu,* et non **le but** auquel vous aspiriez, **le résultat** dans lequel vous vous complaisiez. « Un Directeur ne doit jamais usurper la place du Dieu jaloux et arrêter les cœurs à sa personne au lieu de les conduire à Dieu, » dit l'abbé Timon-David qui, nous l'avons vu tout à l'heure, considère pourtant l'affection réciproque des Directeurs et des enfants comme « un levier indispensable » : oui, mais à la condition que l'affection des enfants ne *s'arrête pas en chemin* mais serve à les conduire à Dieu. Tâchez donc de *surnaturaliser* votre affection ; renouvelez-vous souvent dans la pureté d'intention, dites : « Mon Dieu, je ne suis que le canal, le chemin, vous seul êtes le *terme* et le *but!* Que je les amène à vous, sans rien vous dérober de l'amour qui vous est dû ! Et si j'ai gagné leur cœur, que ce soit pour vous le donner ! »

Mais, dira-t-on, si l'on enlève à la pauvre Directrice toute consolation naturelle, que lui restera-t-il ? *L'amour surnaturel, l'amour divin!* « Le cœur a besoin d'aimer, écrivait saint Jérôme ; il faut nécessairement, si on lui retranche les amours de la terre, lui donner l'amour divin. » (*Lettre sur la Virginité*). Que Jésus soit donc votre amour ; qu'Il embrase votre cœur ! Alors, vous pourrez déverser quelque étincelle de ce brasier dans le cœur de vos enfants : pour atteindre ce but, il faut joindre à la vie active une certaine vie intérieure et contemplative. Fénelon a écrit : « L'action, quand elle est continuelle et isolée de Dieu, dessèche et décourage. » (*Lettres spirituelles*.) Il faut donc venir se retremper et se désaltérer à la fontaine d'eau vive, à Celui qui a dit : « Si quelqu'un a soif, qu'il vienne à moi et qu'il boive. »

Quand les Apôtres revenaient de leurs courses apostoliques, Notre-Seigneur les prenait avec lui : « Venez avec moi à l'écart, disait-il, et reposez-vous un peu. » (Saint Matthieu, ch. XI, verset 28.) Notre-Seigneur fait entendre aussi cet appel à la Directrice de Patronage, et il lui semble tout d'abord impossible d'y répondre avec tant d'occupations ! N'importe, bientôt elle reconnaîtra que *le temps donné à Dieu* est du *temps gagné*, même pour son œuvre

Elle avait besoin de se retremper, et sort de la prière plus active et plus forte.

Que de fois la Directrice vient déposer, bien hâtivement, au pied du Tabernacle, ses préoccupations et ses inquiétudes au sujet des enfants dont elle s'occupe, et vers lesquelles l'appelle peut-être la tyrannique exactitude d'une réunion !

Elle quitte Dieu pour son service, ou plutôt, non, elle ne le quitte pas, car elle demeure en une union constante avec Notre-Seigneur même au milieu de l'*activité extérieure*, et c'est par là qu'elle reste une *âme intérieure*, à la fois Marthe et Marie.

Sa vie intérieure ne sera pas étroite, scrupuleuse, repliée sur elle-même, ou sentimentale, avide de consolations sensibles : non, sa piété solide, droite, généreuse, l'empêchera d'être à la merci de mille fluctuations, et sa conduite extérieure ne sera pas changée par les vicissitudes intimes de sa vie spirituelle ! Ah ! sans doute, quand l'esprit est préoccupé gravement au sujet d'une pauvre petite âme, y a-t-il moyen de faire une prière très consolée et très attentive ? C'est presque impossible. Mais n'est-ce pas une prière agréable à Dieu que les supplications qui reviendront à chaque instant sur vos lèvres (à la traverse peut-être d'une méditation ou d'une action de grâces) pour le salut de cette âme ! Croire que Dieu en soit offensé serait méconnaître ce Dieu d'amour !

La *vie intérieure* ne suffit pas encore à la Directrice, il lui faut la *perfection morale*. Or, voici la maxime écrite par Mgr Bougaud dans l'introduction de la vie de la bienheureuse Marguerite-Marie : « Il n'y a pas de perfection, même humaine, pas d'élévation intellectuelle, ni de grandeur morale, et encore bien moins de sainteté sans douleur. » Si cela est vrai pour tous, à combien plus forte raison pour une Directrice. Car pour elle, on peut ajouter aussi : « Il n'y a pas de fécondité sans douleur. » Oui, si vous voulez que Dieu féconde vos entreprises, attendez-vous à souffrir ! Epouses du Seigneur, servantes dévouées du Bon Maître, en renonçant aux joies de la maternité humaine, vous avez ambitionné les joies plus austères et plus pures de la maternité spirituelle ; mais avez-vous prétendu esquiver les douleurs auxquelles Dieu a condamné les mères ? Ce n'est pas seulement à Ève, c'est à toutes ses filles que le Seigneur a dit : « Tu enfanteras dans la douleur. » Le Seigneur réserve pour les âmes apostoliques les douleurs plus poignantes encore de l'enfantement spirituel, si elles veulent lui donner des enfants selon la grâce ! N'est-il pas dit dans l'Ecriture que Marie, la Vierge Immaculée, nous a enfantés au pied de la croix ? « Femme, voilà votre fils, » dit Jésus à sa Mère, debout au pied de la croix, *Stabat Mater dolorosa*. Oui, la Mère de douleurs se tenait debout au pied de la croix où expirait son divin Fils et c'est là qu'elle devint la Mère de tous les hommes, s'associant comme corédemptrice à la Passion du Sauveur. Et vous, zélée Directrice ! Prétendriez-vous être la mère des âmes et ne pas souffrir ? Oh ! non ! vous n'avez pas fui la souffrance en embrassant cette voie ! Vous en avez prévu au contraire les angoisses et les amertumes : souffrez donc pour gagner des âmes à votre Maître crucifié ! Souffrez de la part de ces chères enfants, rebelles peut-être à vos soins, imprudentes, ingrates, légères ; souffrez peut-être de la part de quelqu'une de vos auxiliaires, ou de celui qui vous emploie, car même entre les gens de bien, il peut se glisser de pénibles malentendus. Votre zèle bouillant de jeune Directrice n'est peut-être pas assez souple d'ailleurs devant les difficultés qui surgissent. Souffrez de la part des événements qui traversent vos desseins ! Souffrez de vos douleurs physiques et de la dure vie de fatigues, de responsabilité et de soucis ininterrompus qu'est la vôtre ! Sans doute ménagez-vous un peu pour faire durer votre vie et votre service quelques années de plus ; mais prenez vaillamment votre parti d'être parfois harassée de fatigues et de préoccupations !

Ah ! qui peut dire la valeur rédemptrice de la douleur ? Il est des âmes qui ont résisté à toutes les sollicitudes et qui tout à coup sont touchées de la grâce de Dieu, au moment peut-être où la maladie retenait loin d'elles celle qui, en vain, avait essayé de les ramener à Dieu. Que d'épreuves morales, de tempêtes, semblaient avoir renversé une œuvre qui se relevait alors soudain d'une manière inattendue plus vivace et plus grande ! « Les déchirements de cœur, disait Mme Barat, sont les sillons bénis où Dieu sème abondamment la grâce et la gloire. » Les saints ont reconnu que toutes les œuvres qui avaient été marquées du sceau de la croix à leurs débuts ont été particulièrement bénies de Dieu.

Ne redoutons pas ces croix : portons-les avec simplicité ! Et après nous être dévouées corps et âmes à ces chères œuvres, disons, suivant la recommandation de Notre-Seigneur : « Nous sommes des serviteurs inutiles, ce que nous devions faire, nous l'avons fait. » (Saint Luc, ch. XVII, v. 10). Oui, car la bonne Directrice sera *humble* : l'humilité, c'est la vertu des forts, dit la Sainte Ecriture ; et la Directrice a besoin de force. Elle a besoin du secours de Dieu ; et Dieu donne sa grâce aux humbles. « Parce qu'il a regardé la bassesse de sa servante, désormais toutes les générations m'appelleront bienheureuse. Car le Tout-Puissant a fait en moi de grandes choses. » — Le Seigneur fera aussi de grandes choses pour les âmes par les mains de la Directrice, si elle est humble vraiment ! Oui, humble dans sa propre estime, humble et respectueuse avec les prêtres qui l'emploient, humble et affable avec ses auxiliaires, humble et digne avec ses enfants !

Elle sera *douce* aussi ; douce avec ses chères enfants qui se laisseront ainsi plus aisément gagner, douce avec ses auxiliaires, même quand elles auront commis quelque erreur. Il n'est pas toujours aisé de conserver l'égalité d'humeur, au milieu du tapage et des cris joyeux des enfants, lorsque plusieurs personnes vous demandent à la fois une chose différente. N'importe, il faut y tendre, et si un mouvement d'humeur échappe, oh ! comme il faut vite le réparer par une parole aimable et affectueuse, parfois même par une excuse !

La Directrice s'efforcera d'être *intelligente* de sa tâche. Pour cela elle lira ce qui a rapport aux œuvres de jeunesse ; consultera son Directeur de Patronage et s'entretiendra avec d'autres Directrices expérimentées. Elle s'instruira solidement de la religion et des questions d'apologétique, repassera même au besoin bien des choses qu'elle a oubliées : histoire, littérature, etc. L'instruction est très étendue aujourd'hui, et les enfants sont si contentes quand elles peuvent « *coller* », selon leur expression, les personnes qui les entourent ! Du jour où elles se rendront compte que ce n'est pas seulement sur le terrain religieux que leur Directrice est instruite, leur confiance en elle redoublera.

La Directrice sera *discrète :* elle ne répétera pas sans nécessité les confidences des enfants, elle ne s'entretiendra de leurs défauts, avec ses auxiliaires, que dans la mesure du nécessaire.

La Directrice évitera les toilettes élégantes, voyantes, capables d'attirer l'envie des enfants pauvres. Toutefois elle ne tombera pas non plus dans l'exagération contraire : les enfants ont *un certain amour-propre de leur Directrice* qu'il ne faut pas blesser par une tenue trop négligée :

elles sont très flattées, nos grandes ouvrières, quand, pour les mener à un pèlerinage, la Directrice *se fait belle ;* elles en expriment leur joie naïvement ! C'est un milieu à garder : on abîme ses affaires au Patronage, et tant de dépenses charitables nous sollicitent au détriment de la toilette ! Mais avec du soin, du bon goût, et des vêtements foncés, on arrive à tout concilier.

Il faut donc en résumé que la Directrice soit en tout un modèle de *mesure,* de *pondération,* de *douceur,* d'*amabilité,* d'*affection forte, profonde et surnaturelle.* — Qu'elle inspire le respect et l'attachement, et qu'en l'aimant tous les cœurs se rapprochent de Dieu, son divin idéal, et que tous comprennent qu'elle a entendu, sinon hélas ! réalisé cette grande parole : « Soyez parfait, comme votre Père céleste est parfait. »

CHAPITRE V

La Directrice et son Patronage.

> « Si je vous ai lavé les pieds, moi votre Maître et votre Seigneur, vous devez aussi vous laver les pieds les uns aux autres, car je vous ai donné l'exemple afin que, comme j'ai fait, vous fassiez vous-même. »
> (S. Jean, XIII, 14.)

Cette parole du divin Maître ne saurait trop être méditée par les Directrices des Patronages ! C'est que, en effet, elles ont une *charge* et non pas une *dignité*. Il ne s'agit pas pour elles d'être *présidentes*, de *présider*, mais d'être *directrices* et de *diriger*. De diriger, comment ? D'une manière très complète, très précise, mettant elle-même *la main à la pâte*, entrant dans tous les détails. La première arrivée au Patronage, la Directrice doit en être la dernière partie. Toutes les fatigues, toutes les corvées lui appartiennent de droit !

Certaines Directrices croient être quittes de leurs obligations quand elles ont donné au Patronage les après-midi du jeudi et du dimanche. C'est déjà un apostolat sans doute ; et, surtout lorsque le Patronage est éloigné, et que la Directrice n'est pas libre de tout son temps, il faut parfois hélas ! s'en contenter. Mais, avouons-le, c'est insuffisant ; le Patronage qui se bornerait à réunir les enfants le jeudi et le dimanche aurait une action bien restreinte. Aspirons à mieux : si nous voulons que notre influence rayonne autour du Patronage pour y faire aimer Notre-Seigneur, n'oublions pas que les visites aux familles de nos enfants sont une condition d'apostolat indispensable ; la Directrice doit s'efforcer de remplir en grande partie cette tâche par elle-même, y donnant le temps nécessaire : il faut parfois entendre d'interminables histoires de ces braves gens, avant de pouvoir *placer un mot du Bon Dieu*.

La Directrice à laquelle son état de vie permet de se consacrer exclusivement à son Patronage doit en profiter pour faire tout le bien possible dans sa petite sphère ; elle considérera (qu'elle soit Sœur de Charité ou qu'elle soit laïque) que se *dévouer sans cesse et sans mesure à ses enfants* est le simple accomplissement d'un devoir primordial de sa vocation ! Elle doit être *toute* à ses enfants. Les chères petites le sentent et le réclament et elles ne reconnaissent le titre de Directrice qu'à celles qui en remplissent les obligations. Une jeune Directrice venait d'être nommée, récemment, dans un Patronage où elle était auxiliaire depuis quelques années ; or une des meilleures enfants du Patronage, âgée de 16 ans, lui demande : « Mademoiselle, est-ce vrai que c'est vous qui êtes Directrice à présent ? — Oui, c'est vrai. — Oh ! que je suis contente ! Mais comment cela se fait-il que ce n'est plus M{ll}{e} X., elle est restée bien peu de temps ? — Les bons désirs de votre ancienne Directrice lui avaient fait présumer de ses forces en acceptant cette charge ; elle n'avait pas la santé nécessaire pour s'occuper du Patronage, comme c'est indispensable tout le long de l'année, pour être sur pied tous les dimanches, de 7 heures du matin à 7 heures du soir, pour visiter les familles, pour ne manquer aucune réunion, n'importe par quel temps. Après un an d'essai, elle a vu que c'était trop lourd pour elle. » L'enfant réfléchit, puis s'écria : « Eh bien ! Mademoiselle, franchement, elle ne s'occupait guère de nous, ça ne pouvait pas aller. Mais vous, c'est *très gentil* ce que vous faites ! Vous ne vivez que pour nous, vous vous dévouez, vous vous sacrifiez tout le temps pour nous ; mais... pour que *ça marche*, c'est comme *ça qu'il faut faire !* »

Oh ! chères enfants ! Combien dans leur simplicité naïve elles ont l'intuition de la tâche de leur Directrice ! Quel meilleur remercîment, et quel plus sincère encouragement pourrait-on recevoir de ces excellentes filles ! Oui, elle avait raison en disant : « *pour que ça marche, c'est comme ça qu'il faut faire.* » Son erreur était seulement de dire : « *C'est très gentil, ce que vous faites.* » Non, ce n'est pas très gentil, c'est le *simple accomplissement du devoir*, puisque, en effet, *c'est comme ça qu'il faut faire !* Vous vous êtes donnée, dévouée à vos enfants, Directrice, et vous êtes tenue de vous occuper d'elles, tout comme la Sœur de Charité de faire sa classe.

Donc, que la Directrice ne vive que pour son Patronage ! Qu'elle veille sur ses premières communiantes, avenir de son Patronage ! Si elle le peut, qu'elle soit en même temps Directrice du catéchisme de première communion. Mais le plus souvent cumuler ces deux fonctions est impossible : l'une nuit à l'autre ; certaines réunions parfois se trouvent simultanées, et la santé ne peut supporter deux pareilles charges. En ce cas, la Directrice confiera ses premières communiantes à une de ses plus pieuses et plus expérimentées auxiliaires, capable de s'en occuper avec intelligence et fermeté. La préparation fervente à la Première Communion est un si grand gage de persévérance ! Aussi la Directrice, même en sachant ses premières communiantes en de bonnes mains, ne s'en désintéressera pas, et les suivra de près.

Elle veillera avec soin à l'instruction religieuse des persévérantes, soit que la coutume du Patronage consiste à envoyer les enfants au catéchisme de persévérance paroissial, soit que l'instruction religieuse ne se donne qu'au Patronage. La Directrice d'un Patronage du diocèse de Paris fera sérieusement préparer ses persévérantes aux examens religieux de l'Archevêché, gardant la haute main sur cette préparation.

La Directrice se fera un devoir d'être elle-même présente à la *Messe du Patronage* et d'y marquer soigneusement les présences des enfants. Une Directrice qui n'assiste pas à la messe du Patronage, ne peut connaître l'état de son Patronage et court risque de laisser bien des enfants s'éloigner de leurs devoirs religieux essentiels, ou tomber malades sans qu'elle s'en aperçoive. — D'ailleurs, les enfants de notre siècle, si paresseuses pour se lever tôt, déserteront vite la messe matinale qui leur est assignée, si en arrivant elles ne trouvent pas leur Directrice, toujours à son poste, prêchant d'exemple plus que de paroles. — Les réunions d'Enfants de Marie la réclament aussi, et le plus souvent celle des Saints-Anges, là où cette association existe ; la surveillance des confessions la veille des fêtes, les visites aux familles, l'organisation des séances récréatives, des récompenses, promenades, retraites, vacances ; sans doute elle peut se faire aider en tout cela ; mais, au fond, la main qui distribue l'ouvrage, c'est la sienne ; et, comme Directrice, c'est elle qui porte la responsabilité de tous les impairs, erreurs ou injustices involontaires qui se glisseraient dans les distributions de prix ou de récompenses, et de tous les accidents qui pourraient avoir lieu dans les promenades ou au Patronage : c'est pourquoi, disons-le en passant, elle fera sagement de s'assurer contre les accidents.

La Directrice devra aussi se rendre compte par elle-même, de temps en temps, que tout le matériel du Patronage est en bon état (se méfier des bancs cassés comme fort dangereux), voir comment l'auxiliaire chargée des rangements s'acquitte de sa tâche, et s'il y a besoin de renouveler les approvisionnements de jeux, ouvrages, recueils de cantiques, etc. Un Patronage en ordre sera aimé des enfants et la discipline y sera plus aisément maintenue.

A la Directrice aussi de connaître à fond la bibliothèque du Patronage, et de n'y admettre que des livres lus par elle ou par une personne sûre. Elle pourra confier le prêt de la bibliothèque amusante à une auxiliaire, mais se réservera à elle-même le prêt des livres de piété, y apportant son discernement, selon la connaissance de l'ouvrage et la nature des jeunes filles.

La direction d'un Patronage comprend tant de détails multiples que la bonne Directrice trouvera un grand avantage à noter, au fur et à mesure, tout ce qu'elle doit faire, sans quoi son cerveau fatigué et sa mémoire surchargée lui feront défaut bien souvent. Il faudra aussi que dans les moments de *vacances relatives* de l'été elle s'avance, et prépare la rentrée : *vacances relatives,* car y a-t-il des *vacances absolues* pour une Directrice ?

Les vacances si désirées par les enfants seraient sans doute bien accueillies par les Directrices. C'est que, elles aussi, ont grand besoin de repos, après dix mois de travaux et de soucis incessants, après les mois de juin et de juillet, si particulièrement fatigants, avec leur préparation des examens religieux, leurs promenades, leurs retraites fermées, etc., etc. Mais, en réalité, les Directrices de Patronages ont-elles la possibilité de prendre des vacances ? Non ; beaucoup n'ont même pas ce soulagement si nécessaire. *Dans les quartiers populeux, le Patronage ne ferme jamais :* le nombre des enfants y diminue, sans doute, quelques-unes pouvant aller à la campagne, celles-ci chez des parents, celles-là dans les colonies scolaires, d'autres enfin dans nos œuvres de vacances chrétiennes ; mais combien de pauvres petites Parisiennes ne quittent pas la capitale ! Pour elles, le Patronage doit rester ouvert. Peut-être la Directrice pourra-t-elle, en s'arrangeant avec ses auxiliaires, s'échapper pendant quelques semaines, mais ce n'est pas toujours facile.

Les Directrices les plus favorisées sont celles de certains quartiers aisés où presque toutes les enfants vont à la campagne. La fermeture du Patronage s'impose d'elle-même, du 15 juillet au

1ᵉʳ octobre. Toutefois, la surveillance à la messe des quelques enfants restées à Paris, la surveillance des confessions les veilles de fête, et la visite des malades ne peuvent être abandonnées, et il faut trouver encore une auxiliaire dévouée ne quittant pas Paris pour s'en occuper. Mais enfin la Directrice va pouvoir *un peu* se reposer. *Un peu*, oui, car il lui reste *beaucoup* à faire. Dans certains Patronages, il y a une distribution de prix à la rentrée, — fin octobre, — pour récompenser l'assiduité des enfants l'année précédente et battre le rappel pour l'année scolaire qui commence. Tous les meilleurs livres sont enlevés par les nombreuses distributions de prix qui ont lieu en août, il faut donc, dès la fin de juillet, retenir les livres de prix ; car en octobre, il ne reste plus rien. Il est très important de lire soi-même les livres qui doivent être donnés aux enfants : les prix sont un moyen de faire pénétrer des *bons livres* dans les familles. Il y a tant de livres où la note religieuse est absolument nulle ou bien est empreinte d'une sentimentalité vague qui a tant d'inconvénients !

Enfin, les listes de prix ont été dressées d'après les présences (1), les prix sont achetés et la

---

(1) Rien n'est plus important que de marquer soigneusement les présences des enfants, non seulement à cause des récompenses, mais c'est un contrôle important pour l'emploi du temps des enfants.

Directrice part en vacance. Mais alors, quelle lourde correspondance il lui faut entretenir avec ses chères enfants, qui lui écrivent volontiers et s'ouvrent parfois mieux par écrit que de vive voix !

Puis, il faut refaire les listes avant la rentrée, corriger les livres d'adresses, etc. Il est bon de travailler un peu soi-même en vue des avis et des cours religieux. Voici qu'octobre approche et qu'il faut s'occuper de tout réinstaller, de renouveler les jeux, de préparer une agréable rentrée aux enfants : que de détails à prévoir !

Et les *vacances seront passées* sans que la Directrice ait *pris de vacances.* Pauvres Directrices ! ou plutôt, heureuses Directrices, qui peuvent sans interruption travailler dans leur humble sphère à la gloire de Dieu et au salut des chères petites âmes qui leur sont confiées !

La Directrice ne s'appartient plus, elle s'est faite la servante des âmes et a compris la parole du divin Maître à la veille de sa mort : « Si je vous ai lavé les pieds, moi votre Maître et votre Seigneur, vous devez aussi vous laver les pieds les uns aux autres, car je vous ai donné l'exemple afin que, comme j'ai fait, vous fassiez vous-même. » (S. Jean, XIII, 14.)

CHAPITRE VI

La Directrice et ses Collaboratrices.

> « Et vous aussi, allez à ma vigne. »
> (S. Matth., xx, 7.)

Malgré sa bonne volonté et son activité, la Directrice ne peut suffire à tout. Il lui faut des aides. Or, *savoir se faire aider, se faire remplacer*, c'est une science rare, mais indispensable, car nous ne devons pas faire *notre œuvre à nous*, mais *l'œuvre de Dieu*. C'est, il est vrai, long et fatigant d'initier ses auxiliaires à tous les rouages du Patronage, et il serait parfois plus expéditif de faire soi-même les choses que de les expliquer laborieusement, pour les voir souvent mal exécutées. Puis, lorsqu'on croit recueillir le fruit de ses peines, voilà que cette utile auxiliaire, jeune encore, entre au couvent, se marie, ou bien, si elle s'est toute donnée à nos œuvres dans le monde, s'en va organiser un patronage dans un autre quartier. La Directrice se réjouit sans doute de voir cette âme répondre à un appel spécial de Dieu par la vocation religieuse, ou fonder un foyer chrétien ;

elle se réjouit encore si cette jeune amie va dépenser dans un quartier moins favorisé le trésor de son dévouement et de l'expérience acquise auprès d'elle ; inconsciemment pourtant, elle se lasse de former ainsi des auxiliaires que le temps lui ravit, et elle se laisse aller à faire tout par elle-même. Peut-être (car la nature humaine est toujours là) y est-elle engagée par une certaine impatience, les lenteurs d'exécution de ses aides l'impatientant !

Peut-être aussi un certain amour-propre la guide : se mettant de tout son cœur à sa tâche, elle se persuade mieux faire que les autres. Oh ! combien tous ces points doivent être un sujet d'examen sérieux pour la Directrice, car il y a tant d'imperfection, tant d'attache à soi-même dans ces sentiments ! Oui, parfois sans se l'avouer elle-même, elle est heureuse de la confiance de ses enfants, ne veut pas la partager avec d'autres, en un mot, elle se *recherche elle-même jusque dans un apostolat* où *elle ne devrait voir que Dieu et les âmes !* Ces sentiments sont mauvais et ne peuvent attirer la bénédiction de Dieu sur l'œuvre, c'est pourquoi tout d'abord il ne faut pas s'y laisser aller ; ensuite, ce système a de réels inconvénients : la Directrice peut tomber malade, et alors ? — Alors, personne n'étant au courant, tout s'effondre, ou du moins périclite ! Car la Directrice, en ne comptant que sur elle, avait bâti son édifice sur un roseau fragile ! Pourquoi tout accaparer ? Ce n'est pas seulement vous, c'est aussi vos compagnes que Jésus a invitées à l'apostolat et auxquelles il a fait entendre cet appel : « Et vous aussi, allez à ma vigne. » Facilitez-leur donc le moyen de répondre à cette divine invitation qui vous permettra, à vous, de prendre, par instants, un répit nécessaire et d'aller, comme nous le disions, vous reposer à l'écart avec Jésus. Saint François de Sales écrivait à un supérieur de communauté : « Il faut prendre du repos et du repos suffisamment, laisser amoureusement du travail à d'autres et ne pas vouloir avoir toutes les couronnes ; le cher prochain sera tout aise d'en avoir quelques-unes. » En effet vos collaboratrices se décourageront et se désintéresseront de l'œuvre, si vous ne leur donnez rien à faire. Sans doute, il ne faut pas tomber dans l'excès contraire, laisser tout l'ouvrage à vos auxiliaires, sans paraître même vous douter que cet ouvrage existe, parce que vous n'y mettez jamais la main !

Non, il faut que quelques-unes des auxiliaires soient *un peu au courant de tout le fonctionnement général* pour le cas de besoin ; de plus il faut que les autres aient leur tâche à elles, bien déterminée, leur petit département dont elles sont responsables : pour assigner aux unes et aux autres la place qui leur convient, il faut que la Directrice ait étudié et compris le caractère, les aptitudes de chacune, et que, les connaissant à fond, elle che en tirer tout le parti possible. « Le ur, écrivait Mgr Dupanloup, qui s'habitue bien connaître les hommes dont il se sert, paraît en tout inspiré d'en-haut tant il vise droit au but. » (*De l'Education*, tome III.) La variété des caractères, des goûts, des aptitudes vous permettra de distribuer les fonctions pour le plus grand bien de l'œuvre ; une auxiliaire sera musicienne, confiez-lui le chant, la préparation des saluts et fêtes religieuses, comme des fêtes récréatives ; une autre sera gaie, en train, spirituelle, chargez-la d'apprendre aux enfants des jeux d'esprit, de leur faire réciter les saynètes ou poésies ; une autre sera très pieuse, et parlera facilement, laissez-la faire quelques avis de piété ; une autre enfin vous paraîtra réunir toutes les qualités qui font les bonnes directrices, oh ! alors, celle-là employez-la successivement à tout, puis faites-la travailler avec vous, la mettant au courant des détails les plus intimes du Patronage, formez-la pour qu'elle puisse un jour vous remplacer, car il faut que, nous disparues, tout continue *ad majorem Dei gloriam !* « Mais, dira-t-on, si je ne meurs pas à bref délai, si j'ai encore de longues années à vivre, nous serons donc deux Directrices ! — Eh non ! il ne manque pas de Patronages qui demandent des Directrices, et votre auxiliaire pourra diriger un autre Patronage ! — Alors je ne serai pas plus avancée, j'aurai travaillé pour un autre Patronage. — Sans doute, vous aurez ainsi travaillé pour les âmes d'autres quartiers, qui vous devront une bonne mère, vous aurez travaillé pour Dieu ! Si vous le préférez, laissez votre jeune Directrice prendre votre place, au cas où cela lui est plus facile, et vous, allez autre part (1). — Quoi, quitter nos chères enfants ! — Si Dieu le veut, pourquoi pas ? Du moment que vous êtes remplacée et qu'il n'y a pas de dommage pour leurs âmes, allez ! allez ! défrichez le champ du Seigneur ! — C'est bien dur ! — Sans doute, la croix est dure, mais Jésus y a reposé ; la montée du Calvaire est pénible, mais le Ciel est en haut ! Montez, montez ! Toujours plus haut ! *Excelsior !* Pour Dieu et pour les âmes ! »

Tout en distribuant à chacun sa tâche, la Directrice se souviendra qu'elle reste responsable de tout : des chants et saynètes, s'il s'y trouvait un mot déplacé, des achats ou récompenses, si on distribuait des colifichets, ou des promenades, mal organisées, pouvant amener quelque accident, etc., etc.

Il faut donc qu'elle garde la haute main sur tout. D'autre part, elle se souviendra que ses auxiliaires sont des aides volontaires, et qu'elle ne doit pas

---

(1) Cette dernière solution ne devrait être employée qu'avec une grande prudence, car l'influence acquise par certaines personnes dans leur quartier est parfois unique.

les commander comme des servantes, mais leur demander aimablement de faire telle ou telle besogne. Ce double sentiment de fermeté et d'amabilité est difficile à allier : facilement on devient autoritaire, surtout lorsqu'on sent de la résistance. Ou bien l'on *se laisse mener* par ses auxiliaires, au lieu de les mener, lorsqu'on se laisse aller au charme de l'affection, au désir de leur être agréable parce qu'on est heureuse de les aimer et d'en être aimée. Souvent, les deux extrêmes se touchent, et pour rattraper un mot un peu trop autoritaire, on tombe dans la faiblesse, et on cède sur des points importants. En effet, il arrive parfois qu'on fait une observation *juste dans le fond*, mais *un peu trop vive dans la forme*. Voici à ce sujet un trait caractéristique : un jour, une jeune auxiliaire, s'arrêtant à bavarder devant l'église, laissa la bande d'enfants, dont elle était chargée, s'échapper et entrer en désordre dans l'église. La Directrice, qui suivait de près avec un second groupe d'enfants, presse le pas, rétablit l'ordre dans le groupe abandonné, place toutes les enfants au confessionnal, et quand la jeune auxiliaire *arrive enfin tranquillement*, inconsciente de sa faute, la Directrice lui fait une remontrance assez vive. C'était un samedi, jour de confessions ; le lendemain dimanche, la Directrice jugea à propos de dire un mot d'affectueuses excuses, sur la vivacité de son observation, à la jeune étourdie. Celle-ci crut accorder un magnanime pardon à sa Directrice, en lui répondant que jamais elle ne *se troublait* de ses observations ; elle confondait ainsi le *fond juste* dont il faut tenir compte et la *forme* qui peut être *défectueuse ;* c'est ce que lui expliqua alors, doucement cette fois, la Directrice. Cet exemple prouve qu'il est extrêmement important que la Directrice conserve toujours autant que possible *la pleine possession d'elle-même* et fasse les observations nécessaires, très brièvement, avec sang-froid et fermeté. C'est qu'il est absolument utile de garder tout son prestige sur les auxiliaires. Il faut éviter même de *faire de l'humilité*, quel que soit parfois le sentiment de notre incapacité et la soif d'humiliation qui suit nos défaillances et nos maladresses, et nous fait rêver le dernier rang ! Il y a au contraire *vraie humilité*, obéissance et dévouement à garder simplement et sans réflexions réitérées, cette direction de l'œuvre que Dieu nous a confiée, et qui n'est pas un *honneur*, mais une *croix souvent pesante*.

Les femmes ne sont pas toujours faciles à conduire et souvent hélas ! on se butte dans les œuvres à de singuliers et pénibles entêtements ! Que faire alors ? D'abord s'expliquer, tâcher de *persuader :* Mgr Dupanloup dit que les hommes ont besoin d'être *persuadés*, qu'il faut à leur cœur la persuasion comme à leur esprit la conviction. Ceci est encore plus vrai pour les femmes. Donc essayez de persuader, puis si cet effort échoue, imposez fermement et doucement votre volonté. — « Je tiens à ce que ce soit ainsi, » et si l'on résiste encore, appelez à votre secours les conseils !

Les conseils ! C'est un point qu'il ne faut pas négliger, mais qui peut être inutile et mauvais, s'il n'est pas excellent. Mgr Dupanloup, que je ne me lasse pas de citer en ces matières, a dit : « Un des grands avantages des conseils, c'est de dilater les cœurs dans une réunion toute fraternelle. Faire parler tout le monde, c'est d'ailleurs intéresser tout le monde à l'œuvre, et la très bonne manière de faire parler tout le monde, c'est de faire parler chacun sur ses élèves. » C'est, au Patronage aussi, la plus sûre manière de connaître bien toutes ses enfants et d'agir justement envers elles, recueillant les *avis communs,* et en faisant *un tout exact,* ce qui neutralise les préférences individuelles de telle ou telle auxiliaire pour telle ou telle enfant. — Bossuet dit que le supérieur a trois devoirs principaux : *s'éclairer, se résoudre* et *savoir se taire.* — Lors donc que la Directrice a été éclairée par le conseil, il faut qu'elle sache prendre ou faire prendre une décision : « C'est au supérieur qu'appartient la décision parce que c'est lui qui a la responsabilité et par conséquent la grâce d'état nécessaire. » La **responsabilité** de la Directrice, voilà un sentiment dont il faut *être imbue* soi-même et dont il faut *convaincre les auxiliaires !* — Il est très utile d'ailleurs que les conseils soient de temps à autre présidés par le Directeur du Patronage : alors, la Directrice s'effacera et lui laissera non seulement la parole, mais la responsabilité des décisions, tout en lui donnant son avis avec franchise et simplicité. — Ainsi menés, les Conseils feront du bien et ne dégénéreront pas en une interminable causerie féminine ; il faut que le petit ordre du jour contenant les questions à discuter soit préparé d'avance, et que les décisions soient consignées par écrit ; que chacune y apporte un bon esprit, un désir sincère de se déterminer uniquement à ce qui sera le mieux, prête à abandonner son jugement propre ; mais, ces sentiments, la Directrice ne peut le mettre dans l'âme des autres ? Sans doute, toutefois son bon exemple, sa calme fermeté, tempérée par beaucoup d'amabilité pourront y contribuer. Si malgré cela, elle sentait quelque nuage, qu'elle fasse semblant de ne pas s'en apercevoir en public, et qu'ensuite, en particulier, s'il y a lieu, elle tâche d'un mot aimable de tout arranger.

La tâche d'une Directrice vis-à-vis de ses auxiliaires peut avoir des côtés pénibles et très douloureux. Elle en a aussi de bien doux ! Quoi de plus intéressant que de former à l'apostolat des âmes de bonne volonté, de les initier à tous les secrets du

Patronage, à toutes les industries nécessaires pour gagner les âmes à Dieu !

Mais comment choisir les auxiliaires ; qui faut-il accepter ? En principe toute personne de bonne volonté peut apporter son petit contingent : les toutes jeunes filles feront jouer, sauter à la corde ; à d'autres seront confiés les achats et organisations de récompenses ; à d'autres plus expérimentées les cours religieux, les visites aux familles, etc. — Chacune trouvera aisément son occupation. — Toutefois, il serait sage d'évincer *toute personne mondaine dont les toilettes et la vanité pourraient faire du mal à nos enfants,* sans se laisser éblouir par le bien matériel que sa fortune lui permettrait peut-être de faire à l'œuvre. Il serait également prudent de ne pas accepter de personne d'une piété sentimentale ou exaltée qui déformerait la conscience de nos enfants. Comment les évincer ? En disant qu'on ne voit pas pour elles en ce moment d'occupation au Patronage, et en leur indiquant d'autres œuvres qui, allant moins directement aux âmes, leur permettront de faire du bien, malgré leurs travers.

Gardez-vous surtout des auxiliaires qui voudraient faire du Patronage un champ d'action pour leurs opinions personnelles. Certaines personnes ont émis la prétention d'introduire jusque dans nos Patronages de jeunes filles des émissaires de leurs idées sociales, politiques et démocratiques. Ne le souffrez pas ; que l'enseignement religieux ne soit pas mélangé avec des théories qui certes ont besoin d'être examinées de fort près ! Le Patronage est une œuvre essentiellement et exclusivement religieuse. « Tout restaurer dans le Christ, » tel est le vœu de Notre Saint-Père le Pape Pie X, tel est aussi l'unique but des Directrices de Patronages, ses filles humblement soumises. Éliminons les auxiliaires d'un jugement douteux. En matière d'*éducation, choisissons ;* nos enfants ont besoin d'être entourées d'âmes généreuses et viriles, franchement chrétiennes, et non pas imbues d'idées creuses et ronflantes.

Dès qu'elle aura formé son petit état-major d'âmes dévouées, la Directrice considérera qu'elle a également une tâche un peu maternelle à remplir auprès de ses auxiliaires, envers *lesquelles elle a une certaine responsabilité.* Elle veillera à leur santé, ne leur donnant pas trop de travail, s'intéressant à elles, ne négligeant aucune occasion de leur faire plaisir et de leur faire du bien : bons conseils, bonnes paroles, prêt de bons livres, etc. Elle s'efforcera de faire régner entre toutes cette bonne harmonie, cette affection qui édifie tant les enfants, ce *cor unum* qui faisait dire des premiers chrétiens : « Ils n'étaient qu'un cœur et qu'une âme. »

La Directrice sera heureuse que les enfants aiment ses chères auxiliaires et leur témoignent de l'affection ! Elle ne se gènera pas pour dire à ses jeunes aides tout ce qui lui semblera utile au bien de l'œuvre, et les détournera spécialement de la détestable habitude d'aller causer ensemble dans un coin, pendant les réunions, au lieu de s'occuper des enfants. — Elle préférera, s'il y a lieu, faire suivre les séances d'une petite causerie intime et affectueuse entre directrices et auxiliaires où l'on pourra d'ailleurs parler des enfants et de la prochaine réunion.

Oui, aimez-les maternellement, surnaturellement, vos chères auxiliaires, rendez-leur aimable l'apostolat, afin qu'elles répondent pleinement à l'appel divin et, comprenant le prix des âmes, travaillent avec ardeur à la vigne du Seigneur.

Absorbée par les soins spirituels de son Patronage et la formation de ses auxiliaires, la Directrice ne peut guère en général s'occuper, par elle-même, des côtés matériels très importants, cependant : assurer le loyer d'un local et les ressources nécessaires au fonctionnement de son Patronage. Il lui faut donc que d'autres veuillent bien assumer cette tâche importante : c'est ce qu'ont la bonté de faire les Présidentes de Patronage et les dames du Comité. Le plus souvent, ce sont de généreuses femmes du monde qui ne pouvant, pour une raison ou pour une autre, prendre une part active au Patronage, désirent participer à cette œuvre apostolique en lui fournissant les ressources nécessaires à son existence. La Présidente et les membres du Comité qu'elle constitue, donnent une cotisation et se chargent de trouver, au moyen de quêtes, de ventes ou de dons personnels, les fonds indispensables. Ainsi, ont-elles une large part de mérites dans le bien fait au Patronage qui, sans elles, ne pourrait subsister.

Aimons beaucoup notre Présidente, si nous en avons une : ne la tenons pas à l'écart ; mais, au contraire, communiquons-lui tout ce qui peut l'intéresser et l'attacher à l'œuvre. Si nous n'en avons pas, cherchons à en avoir une. Ne prétextons pas la nécessité d'être plus indépendante, ni la confiance en la Providence qui nous fournira les ressources nécessaires ; car le proverbe dit avec raison : « Aide-toi ; le Ciel t'aidera. »

Une bonne Présidente et une bonne Directrice doivent toujours s'entendre, car leur champ d'action respectif est très délimité, et toutes deux travaillent pour Dieu et pour les âmes.

Intéressons ainsi à notre œuvre, par ce Comité, un certain nombre de personnes qui seront profondément heureuses de coopérer à une bonne œuvre, et de répondre selon leurs moyens à cet appel du Maître suprême : « Et vous aussi, allez à ma vigne. »

CHAPITRE VII

Les Auxiliaires.

> « Pourquoi restez-vous ici tout le jour sans rien faire ? »
> (S. Matth., xx, 6.)

Cette parole, Notre-Seigneur peut la faire entendre à bien des chrétiennes qui, pratiquant les devoirs envers Dieu et envers elles-mêmes, négligent les devoirs envers le prochain. Elles vont à la messe souvent, tous les matins même, font chaque soir leur prière et examen de conscience ; mais tout le jour est occupé à ne *rien faire*, ou à *faire des riens*. « On parle de tuer le temps a dit Mgr Gay, mais le temps tué tue les âmes. »

Hélas ! il y a tant à faire, en ces tristes années ! Comment rester oisive ? « Pourquoi restez-vous ici tout le jour sans rien faire ? » — Vous avez entendu ces paroles du divin Maître, et vous avez compris que si vous l'aimiez, vous deviez procurer aux âmes rachetées de son sang les mêmes biens qu'à vous ; et, laissant à d'autres les frivolités d'une vie mondaine, vous êtes venue vous mettre à la disposition d'un Patronage.

« Celui qui moissonne reçoit une récompense et recueille du fruit pour la vie éternelle, afin que celui qui sème se réjouisse, aussi bien que celui qui moissonne. »

« Car, en ceci, ce qu'on dit est vrai : Autre est celui qui sème, et autre celui qui moissonne. »

« Pour moi je vous ai envoyés moissonner où vous n'avez point travaillé ; d'autres ont travaillé, et vous, vous êtes entrés dans leurs travaux. » (S. Jean, IV, 36, 37, 38.)

Vous êtes arrivées pour moissonner ; les peines de la Directrice avaient porté leurs fruits, ce champ, péniblement défriché par elle, était devenu fécond ; Dieu avait béni ses sueurs : les enfants étaient nombreuses ; et dans ces réunions où tant de personnes paraissent venir comme par enchantement, vous deviniez, auxiliaires perspicaces, combien votre Directrice avait peiné, fait de visites, envoyé de convocations, avant d'arriver à ce résultat !

La Directrice est heureuse : Ses enfants sont nombreuses ! Elle vous prie de vous en occuper, et si vous réussissez, spécialement, à faire du bien à telle ou telle âme, la Directrice se réjouira doublement : d'abord à cause du bien accompli, ensuite parce que Dieu a daigné choisir une de ses auxiliaires pour l'accomplir ; elle sent combien ce premier succès encouragera la jeune apôtre, qui a besoin de goûter d'abord aux joies de l'apostolat pour pouvoir ensuite en supporter les croix !

N'abusez pas, jeunes auxiliaires, de ces dispositions de votre Directrice et tout en tâchant d'acquérir une légitime influence, ne vous lancez pas, auprès des enfants, dans une direction à tort et à travers, qui contrecarrerait celle du Directeur et de la Directrice : sentez votre *inexpérience*, et n'approchez qu'avec respect et discrétion de ces âmes enfantines. Vous n'avez pas encore *grâce d'état* pour les guider, et vous feriez bien mieux de vous confiner dans d'humbles fonctions, un peu trop négligées ; faites jouer les enfants, mettez l'entrain et l'ordre au Patronage. Voilà de modestes attributions qui, si vous en soulagez la Directrice, lui laisseront du temps pour un apostolat plus élevé.

Lorsqu'une nouvelle auxiliaire arrive, certaines enfants, malignes et ayant envie de se rendre intéressantes, simulent une confiance extraordinaire envers leur nouvelle maîtresse. Ravie et touchée de la confiance de l'enfant, croyant qu'elle va sauver, par une action individuelle intense, une âme en péril dont elle s'imagine avoir découvert les importants secrets, la jeune auxiliaire s'occupe exclusivement de cette enfant, écoute ses interminables et étranges confidences, entre dans l'intérieur de sa conscience, néglige les autres enfants, et tout le Patronage en souffre. Quel est le résultat individuel ? L'enfant en est-elle meilleure? Au contraire, elle devient poseuse, sentimentale ; sa piété n'a rien de solide. Parfois même l'enfant s'est uniquement amusée à parler de choses scabreuses pour voir « la tête que ferait la demoiselle ». Il est donc nécessaire que les auxiliaires débutantes évitent une action individuelle pour laquelle l'expérience leur manque, et se contentent d'aider à l'action générale.

Soyez pleine de déférence pour votre Directrice, rien n'édifie davantage les enfants. Ne vous permettez pas de donner des récompenses aux enfants sans son autorisation. Sous prétexte de leçons particulières, soit de chant, d'anglais ou de dessin, n'attirez pas les enfants chez vous, sans qu'elle vous en ait exprimé le désir. Voyez en elle l'*autorité*.

Or toute autorité participe plus ou moins de l'autorité divine, selon cette parole de saint Paul : « Toute puissance vient de Dieu. » Soyez-lui donc soumise, ne la contredisez pas, ne la contrecarrez pas. — « Mais si elle se trompe ? — Et vous ? êtes-vous donc sûre de ne pas vous tromper ? Elle a la *responsabilité*, elle a la *grâce d'état*, laissez-la faire. — Et si elle manque d'intelligence ? — Êtes-vous sûre d'avoir plus d'esprit qu'elle ? Croyez que l'expérience supplée souvent à l'intelligence. Mieux vaut d'ailleurs l'autorité d'une personne un peu bornée que l'anarchie : elle est Directrice, obéissez. — Cependant elle est à peu près de mon âge, elle est même plus jeune. — Alors faut-il que la direction soit donnée à la plus vieille ? Cela ne réussirait guère probablement. En tous cas, tant que cette personne, si jeune soit-elle, est directrice, obéissez-lui. — Mais, elle est pleine de défauts. — Sans doute ! mais qui donc n'en a pas ? Probablement que votre directrice souffre elle-même beaucoup de ses défauts, et les combat de tout son cœur ; quant à vous, vous êtes là pour l'aider, et non pas pour la corriger. — Elle m'intimide et me blesse par ses observations trop vives ! — Cela vous fera le caractère ! Du reste excusez-la en songeant à ses soucis, à ses préoccupations ininterrompues qui ne lui laissent pas un instant de répit et la surmènent. A sa place, croyez-vous que la patience ne vous manquerait jamais ? »

Soyez souples, dociles aux impulsions données : si vous saviez ce qu'il en coûte parfois à la Directrice de commander, de décider ; mais elle le doit, car elle est *responsable !* Et dans les mille petits détails de son ressort, où le Directeur n'a pas à intervenir, si vous la fatiguez d'une opposition perpétuelle pour des riens, croyez que vous alourdissez son fardeau inutilement.

Si pendant une absence ou une maladie de la Directrice, vous étiez appelée à la remplacer, ayez grand soin de *suivre sa méthode :* c'est *l'esprit de l'œuvre.* Personne n'est parfait, aucun système non plus ! Mais si, sous prétexte de corriger un point défectueux, vous tombez dans un autre excès, vous ferez du mal à l'œuvre et la Directrice constatera, hélas ! en revenant dans son troupeau, bien des dégâts occasionnés par un léger changement d'orientation. « Chaque Directeur d'œuvre a grâce pour inspirer les siennes ; l'esprit d'une œuvre, c'est avant tout l'esprit de son Directeur ; l'œuvre doit être faite à son image et ressemblance : tout autre moule, même meilleur, vaudrait moins. » (Abbé Timon-David.)

La Directrice s'est adaptée au milieu de son Patronage, a suivi elle-même l'impulsion du Directeur du Patronage ; ayez donc confiance en elle, vous ses auxiliaires, et revêtez-vous de son esprit.

Aimez votre Directrice en amie, en sœur aînée, en mère. Croyez qu'elle vous le rend en vous aimant profondément. Soyez sa consolation par votre zèle, votre déférence, votre exactitude. Oui, soyez exacte aux jours et heures que vous avez choisis; et, à ces moments-là, soyez *toute* à vos chères enfants : pas de conversations particulières avec des auxiliaires amies, pas de coteries, travaillez pour Jésus et pour les âmes.

Le monde critiquera votre exactitude qu'il traitera d'esclavage : tant que vous ne vous êtes donné qu'un léger vernis charitable, capable de faire *mousser votre beau dévouement*, sans qu'il vous en coûte rien, le monde vous a applaudies, flattées même. Mais le jour où vous avez voulu prendre votre tâche au sérieux, que de blâmes n'avez-vous pas essuyés ! Max Turmann, dans son intéressant livre intitulé *Imitations féminines :* raconte que certaines jeunes filles, s'occupant de Patronage, et sentant leur incompétence, voulurent se réunir pour étudier ensemble divers points touchant le Patronage et l'apologétique religieuse, afin de n'être plus prises au dépourvu pour répondre aux questions que leur faisait telle ou telle enfant. Bientôt elles écrivaient : « Nous rencontrons une grande difficulté à nous réunir, nos parents craignent que nous ne nous fassions du tort, et que nous ne puissions pas ensuite nous marier. » Quelle aberration ! Pauvres jeunes filles ! Serait-il à regretter le parti qui rejetterait la pensée de s'unir à vous, parce que vous êtes sérieuses et dévouées ? Non, si cela éloigne des hommes vains, ne le regrettez pas, ceux-là ne sauraient vous rendre heureuses ! Les gens d'esprit et les chrétiens ne vous en rechercheront que davantage. D'ailleurs, si le mariage n'est pas votre vocation, si Dieu vous appelle à vous dévouer à Lui et aux âmes dans le monde, ne résistez pas à ce divin appel et n'ayez pas crainte de dire que vous renoncez au mariage. Si vous vous mariez, réagissez d'ailleurs contre cette dévotion personnelle et égoïste, écartant toute œuvre de zèle direct de la vie d'une femme du monde, qui croit avoir rempli tous ses devoirs en donnant en aumônes un peu de son superflu. « Vous rencontrerez des chrétiennes, dit encore Max Turmann, qui se font un devoir d'assister à la messe plusieurs fois en semaine et qui passent le reste de leur temps à ne rien faire. Leur nombre diminue, mais on découvre cependant encore de ces individualistes de la foi qui ne consacrent pas une seule minute de leur vie aux œuvres, c'est-à-dire en dernière analyse, aux autres. »

Oh ! qu'elles craignent, celles-là, d'entendre au dernier jour le Souverain Juge leur dire : « Pourquoi êtes-vous demeurée tout le jour sans rien faire ? »

Quant à vous, jeunes auxiliaires, travaillez avec ardeur dans nos Patronages ; si humble et si petite que soit votre coopération, du moment qu'on peut compter sur votre exactitude, aux jours et heures promis, et que là vous apportez un esprit généreux et surnaturel, croyez que vous faites œuvre bonne et utile, et que les bénédictions de Dieu ne manqueront ni à votre présent ni à notre avenir !

CHAPITRE VIII

La Directrice et ses enfants.
L'Education de la jeunesse.

> « Je vous le déclare, leurs anges voient sans cesse la face de mon Père qui est dans le ciel. »
> (S. Matth., XVIII, 10.)

De quelle tendre sollicitude ne devons-nous pas entourer les âmes de ces chères petites enfants, tant aimées du divin Maître, afin de conserver en elles cette innocence qui réjouit leurs anges et que tant de dangers conspirent à leur ravir. Oui, car ces enfants insouciantes et rieuses, nous pourrons en faire selon leur vocation des mères chrétiennes, des vierges consacrées à Dieu, des apôtres dans leur foyer, au milieu de la corruption universelle !

Hélas ! nous ne pourrons les garder toutes fidèles, c'est une triste vérité ! Efforçons-nous pourtant de conserver à Dieu le plus grand nombre possible de ces chères enfants. Dans ce but, apportons tous nos soins à *l'éducation* de nos enfants ; car *l'éducation* se fait au *Patronage*, et le *Patronage* est *une œuvre d'éducation*.

Or, l'éducation est une mission sublime que Mgr Dupanloup ne craint pas de comparer au sacerdoce. Il assure que l'Église l'a toujours regardée comme une œuvre sacrée. « L'Église, cette divine institutrice du genre humain, a reconnu que la première fonction du grand ministère des âmes, dont elle est chargée, c'est l'éducation de la jeunesse, et c'est pourquoi elle en a fait une œuvre sacrée, un apostolat (1) ; » et encore : « L'éducation de l'homme est une œuvre essentiellement divine. » Mais pour cela, « il faut savoir ce qu'il y a de si doux et de si aimable à aimer dans Dieu et dans les âmes ».

Celles qui, convaincues de ces vérités, aimeront Dieu et les âmes, seront disposées à devenir de bonnes éducatrices. En effet, notre tâche ne se borne pas à surveiller les enfants à la messe, *mais nous devons donner au Patronage une éducation chrétienne qui supplée à celle de l'école sans Dieu et qui contre-balance les réflexions de leurs familles indifférentes ou hostiles.*

Pour remplir ce laborieux ministère *d'une éducation chrétienne*, rares sont les instants où nous avons près de nous nos chères enfants ! Il importe donc d'en bien profiter !

« L'éducation, c'est Dieu présent : c'est l'autorité de Dieu paternelle et maternelle au plus haut

---

(1) *L'éducation.*

degré, c'est le soin, c'est la sollicitude des âmes. Oui là, avant tout, on cherche des âmes pour les *élever* jusqu'à Dieu, les intelligences pour les éclairer, les cœurs pour les purifier, les ennoblir, les former, les caractères pour les redresser, les adoucir, les fortifier, toutes les facultés intellectuelles et morales pour les développer, etc. (Mgr Dupanloup, *L'Education*, t. I, p. 51.)

Voilà un programme complet : d'abord il faut que notre éducation s'appuie sur Dieu.

L'éducation consiste *à bien élever* les enfants, dit-on souvent sans comprendre la profonde et sublime étymologie de ce mot : **élever**. *Excelsior!* Toujours plus haut ! Les *élever* jusqu'où ? Jusqu'à Dieu ! C'est pour son amour que vous voulez *bien élever* les enfants. C'est pour son amour qu'ils *se laisseront élever*, et *qu'ils chercheront à se corriger*. Puis apprenez à les connaître : « Je connais mes brebis et mes brebis me connaissent. » Que cette touchante parole du Sauveur puisse être dite par vous en vérité. Corrigez-les, reprenez-les, développez-les, chacune suivant son caractère.

D'une manière générale, il ne faut guère *détruire* dans une éducation, mais il faut plutôt diriger et développer. Ne jamais comprimer, mais dilater, ne jamais humilier *mal à propos*, en public (1), par exemple, une enfant orgueilleuse, mais lui mon-

(1) Nous disons *mal à propos*, car il est évident que parfois l'humiliation doit être la sanction et la suite de la faute.

trer la honte du péché, allumer dans son cœur la généreuse ambition du bien, du mieux, pour l'amour de Notre-Seigneur. Ne pas butter une enfant entêtée, mais lui montrer que la ténacité devenue de la volonté est une qualité ; ainsi vous obtiendrez d'excellents résultats.

Surtout gagnez la confiance de vos enfants, qu'elles sachent que tout ce que vous leur commandez est pour leur bien ; à cette fin, il sera bon *parfois* de leur donner la raison de vos ordres. « Il faut leur soulager l'obéissance, écrivait Mme de Maintenon, en leur rendant raison de *tout* ce qu'on leur refuse, quand la chose d'elle-même paraît faisable. »

C'est un bon système, en ne le généralisant pas trop toutefois ; car la confiance des enfants une fois acquise, elles doivent obéir sans raisonner à tout propos. Mme de Maintenon pousse peut-être le système à l'excès en disant de leur rendre raison de *tout*. — Il serait peut-être plus sage de dire en leur rendant *parfois* raison de ce qu'on leur refuse.

Il faut tenir avec une grande fermeté nos enfants quand elles sont en masse, mais en particulier, individuellement, être, au contraire, très douces, très indulgentes. Prenez souvent les enfants à part pour leur parler, pour les réprimander, et ceci avec tant de douceur qu'on n'ait pas peur de venir vers vous. Tâchez d'ouvrir ces jeunes cœurs ; les petites filles, les jeunes filles sont si renfermées, et cependant elles ont un si grand besoin d'expansion et de consolation ! Comment s'y prendre ? Faut-il questionner ? Faut-il les inviter à vous dire si elles ont des peines ? Gardez-vous-en bien ! Vos enfants vous croiraient curieuse, indiscrète, et ne vous diraient rien du tout. Que faire alors ? *Les aimer* et *attendre que cela vienne ! Et cela viendra* infailliblement ! Un jour, elles vous diront : « Mademoiselle, cela me ferait du bien de vous raconter mes peines, mais je n'ose pas ! » Alors vous leur répondrez : « Osez donc, chère enfant, car moi, j'ose encore moins vous questionner, j'ai peur d'être indiscrète. Pourtant je serai heureuse de vous écouter, si je puis vous soulager et vous faire un peu de bien par mes paroles. » La glace sera rompue et vous aurez leur confiance. Toutefois, la Directrice devra toujours être discrète ; elle se rappellera qu'elle n'a pas le droit d'entrer dans les consciences, et ne se substituera jamais au prêtre.

Comme elle n'a pas reçu les lumières du sacerdoce, elle rendra compte autant que possible au confesseur de ses enfants, des confidences qu'elle aura reçues et des conseils qu'elle aura donnés, et *ne dirigera jamais qu'en étant dirigée elle-même.*

Sans repousser la confiance des enfants, la Directrice leur fera comprendre avec tact et délicatesse, en certains cas, qu'il ne lui appartient pas de leur donner telle ou telle permission ou conseil, et que ces matières plus intimes sont le domaine réservé du confesseur.

La Directrice devra avoir grand soin de la santé de ses enfants. Si elles sont malades et si les parents sont pauvres, elle les aidera dans la mesure du possible à faire soigner leurs enfants et en tout cas les visitera, les encouragera. — Des enfants malades auront besoin d'entretiens particuliers pour les consoler et les soutenir. Si la maladie s'aggrave, elle veillera à ce qu'elles reçoivent en pleine connaissance les derniers sacrements.

Quelles observations peut faire une Directrice hors du terrain religieux et moral ? Toutes.

Peut-elle dire, par exemple, à une de ses enfants dans le cours d'un voyage, d'une promenade, qu'elle mange malproprement? qu'elle est mal coiffée ? Oui, certainement. Loin de vexer nos enfants, les observations faites maternellement nous donnent un certain ascendant sur elles et sont d'un excellent effet. On monte beaucoup dans leur estime, même quand on les reprend pour une faute de français ; elles voient qu'on sait la grammaire, aussi bien que la dévotion, et elles sont fières d'avoir une *Directrice complète*. Au contraire, elles se moqueront sans pitié d'une Directrice qui prononcerait certains mots d'une manière commune. Petits détails, c'est vrai, mais qui vous « rabaissent » ou qui vous « rehaussent » dans l'estime des enfants !

Par-dessus tout, répétons-le encore : aimez, aimez vos enfants ; qu'elles se sentent aimées de vous. Mais aimez-les surnaturellement en Dieu et pour Dieu. Comprenez le prix de ces âmes innocentes, courez après les brebis qui s'éloignent, tâchez de les conserver toutes fidèles. Priez souvent pour elles, que leurs noms reviennent sans cesse dans vos prières ! Priez en demandant au Seigneur qu'elles ne contristent jamais leurs saints Anges.

CHAPITRE IX

L'Education *(suite)*.
Développement de la volonté et de l'esprit de sacrifice chez les jeunes filles.

> « Si quelqu'un veut venir après moi, qu'il se renonce soi-même, qu'il porte sa croix et qu'il me suive. » (S. Matth., XVI, 24.)

Quels que soient votre zèle et votre sollicitude maternelle, vos efforts seront infructueux si vos enfants n'y correspondent pas. Vous ne les sauverez pas malgré elles. « Dieu, qui nous a créés sans nous, ne nous sauvera pas sans nous, » écrivait saint Augustin. Mais comment obtenir cette correspondance des enfants ? 1° En leur apprenant *à vouloir*; 2° en leur inculquant l'*esprit de devoir et de sacrifice*.

Ainsi remédierons-nous aux deux plaies de notre siècle qui sont : la veulerie universelle et le besoin de jouissance, de bien être, général dans toutes les classes.

« On ne sait plus vouloir et encore moins vouloir le bien. » (M. l'abbé Guibert, *La formation de la volonté*.) Mais qu'est-ce que la volonté ? Le même auteur nous l'apprend : « La volonté est le pouvoir qu'a l'âme de se déterminer avec conseil et réflexion à une action de son choix. Développer ce pouvoir de commander les actions, restreindre le champ de l'impulsion machinale et le règne du caprice pour étendre la maîtrise de l'âme sur toutes les énergies dont elle est la source, c'est tout l'art de former la volonté.

« L'homme a de la volonté dans la mesure où il échappe à la domination des forces du dehors et où il gouverne les poussées de vie qui surgissent au dedans. Ainsi comprises, les volontés sont rares. » (M. l'abbé Guibert.)

Très rares en effet, surtout chez les jeunes filles, natures nerveuses, impressionnables, qui sont guidées par le caprice ou les variations du physique.

Cet état où l'âme paraît incapable de *détermination* ou *d'effort* est constaté par tous, mais presque personne n'a le courage de s'élever contre ce laisser-aller au nom de la dignité morale ou de la religion ; on fait à cette disposition l'honneur de lui inventer des noms nouveaux : neurasthénie, aboulie, etc., etc., on répète en souriant : « Pauvres jeunes filles, ce sont des paquets de nerfs, que peut-on leur demander ? il faut être indulgent. » Alors on ne *réagit pas !* on ne leur *enseigne pas à réagir !* Fatale indulgence qui laisse gâter des qualités précieuses !

Aussi nous voyons remplir le monde de jeunes filles molles et de jeunes femmes coquettes, frivoles, ne rêvant que toilettes, sports et plaisirs ; incapables non seulement de s'employer à de bonnes œuvres, mais même d'élever leurs propres enfants, dont elles saluent l'arrivée sans bonheur et sans aucune pensée de foi, considérant les familles nombreuses comme un souci, comme une entrave aux sports, aux déplacements et voyages d'agrément, et non pas comme une bénédiction du Ciel ! C'est horrible ! pourtant c'est ainsi, et mainte jeune femme l'avoue sans rougir !

La jeune fille fantasque, lunatique, fait souffrir ses parents de ses caprices et de ses exigences ; et plus tard, jeune femme, elle inspirera à son mari le dégoût du foyer domestique. Mais hélas ! y aura-t-il un foyer domestique pour la jeune ouvrière légère et molle ? une tache indélébile, flétrissant son innocence et sa jeunesse, ne l'empêchera-t-elle pas de s'établir honorablement ? Tout est à craindre pour une jeune fille sans volonté. Quelques *habitudes* de piété ne la sauveront pas, si *sa volonté* n'est pas *ancrée fortement* dans le *bien* par *l'amour de Dieu*.

« L'amour n'est pas dans le sentiment, dit le Père Grou, mais *dans la détermination de la volonté* à tout *faire* et à *souffrir pour Dieu*. » (*Ecole de*

Jésus-Christ.) Si la piété de vos ouvrières n'a pas pour base cette détermination de la volonté, elle ne lui sera pas une sauvegarde.

En effet, la jeune fille sans volonté subira l'influence des milieux, des camaraderies de l'atelier. Peu à peu, insensiblement, elle glissera sur la pente fatale. Infusons de la volonté à nos enfants, apprenons-leur *à faire effort,* soit pour éveiller leur énergie assoupie, soit pour calmer leur excitation nerveuse et désordonnée.

M. l'abbé Guibert dit que l'homme qui a de la volonté se reconnaît à trois signes : « Il a de la décision, il exécute ce qu'il a résolu, il persévère dans ses idées et dans ses entreprises. » Reconnaissons-nous souvent ces trois signes dans le caractère de nos chères enfants ? Au contraire, que de fois en présence d'une décision à prendre elles disent : « Je ne sais pas, ça m'est égal, » et la décision prise, combien peu de temps elles y persévèrent ! Les défections pour toute inscription, examens religieux, même leçons d'anglais ou de chant, en sont une preuve.

Apprenons-nous vraiment à nos enfants *à vouloir ?* Souvent, au contraire, notre maternelle sollicitude semble écarter loin d'elles toute peine, et sous prétexte de faciliter leur devoir, nous encourageons parfois leur mollesse. Nous les dispensons trop aisément du plus léger effort. Nous leur prêtons le livre ou le chapelet qu'elles ont oublié.

l'enfant s'habitue à ce que nous pensions, à ce que *nous voulions* pour elle, et ne *sait pas vouloir*.

Ne croyons pas que les apathiques, sans énergie, soient plus faciles à gouverner ; rien de *plus glissant*, de plus difficile à manier qu'une nature molle : « trop lâche pour résister ouvertement, trop flasque pour faire l'effort nécessaire à l'obéissance, elle opposera aux ordres donnés une sorte de résistance passive, dissimulée sous une soumission apparente. L'âme qui *sait vouloir*, au contraire, appliquera son énergie à se soumettre généreusement, quoi qu'il lui en coûte, à ceux qui tiennent près d'elle la place de Dieu. » C'est ainsi que se renonçant courageusement à elle-même pour l'amour de Dieu, elle expérimentera ces paroles de la Sainte Écriture : « L'homme obéissant chantera ses victoires. » (Proverbe, ch. XXI, v. 28.)

Apprenons aux enfants à vouloir, exerçons-les *à se décider*, moquons-nous d'elles quand elles disent : « Ça m'est égal,... » faisons-leur honte quand elles ne mettent pas à exécution leurs projets ou n'y persévèrent pas.

L'esprit de sacrifice est rare dans notre siècle, où l'on veut jouir. La jeune fille du peuple a en réalité dans sa vie plus de peines que de jouissances ; pourtant l'amour du plaisir n'en est pas moins développé chez elle ; aussi la pauvre enfant voit-elle avec aigreur et envie le luxe des toilettes, parfois si peu modestes et si peu chrétiennes, de celles pour lesquelles elle travaille !

A mesure que la foi diminue, et qu'on enlève au peuple les consolations de la religion, l'espérance du Ciel, il est plus avide de jouissance, de bien-être. Il faut réagir contre cette tendance. Il faut rappeler aux âmes qui vous sont confiées les paroles du divin Maître : « Si quelqu'un veut venir après moi, qu'il se renonce soi-même, qu'il porte sa croix et qu'il me suive. » Cette parole, l'ouvrière l'entendra plus aisément que la jeune fille du monde, parce qu'elle a souffert déjà, et que par suite son cœur, quoique jeune encore, est généreux et courageux : il faut leur redire ces profondes paroles du Père Grou : « Le renoncement doit être continuel, c'est-à-dire qu'il n'y a pas un seul instant dans la vie où vous ne deviez être sur vos gardes, pour résister aux premières impulsions de la nature. Elle agit toujours de son côté contre la grâce ; il faut que vous lui opposiez toujours une action plus forte, car c'est une chimère que d'espérer vous tenir en équilibre avec elle. Le moment où votre effort faiblira où votre vigilance se relâchera sera celui de votre chute. » *(Ecole de Jésus-Christ.)*

Nos enfants n'ont guère l'habitude de se contraindre, de se renoncer ainsi. Trop rares sont les jeunes filles formées à l'esprit de sacrifice qui ravissent au sommeil quelques minutes non seulement pour avoir le temps de dire leur prière du matin, mais encore pour pouvoir faire une visite au Saint Sacrement. Ah ! celles-là auraient solidement posé les bases de leur piété, elles seraient fortes dans les tentations de la vie. Par leur dévouement et leur abnégation dans leur famille et au Patronage, elles pourraient faire chaque jour un peu de bien, humblement, paisiblement ! L'esprit de sacrifice accomplirait en elles et par elles des œuvres de salut.

Hélas ! ces jeunes filles deviennent de plus en plus rares, et c'est pourquoi notre action ne s'étend pas dans les familles autant que nous le désirons ! Concentrons tous nos efforts vers ce but et enseignons à nos enfants l'austère maxime du divin Maître : « Si quelqu'un veut venir après moi, qu'il renonce à soi-même, qu'il porte sa croix et qu'il me suive. »

CHAPITRE X

De la formation de l'élite.

> « Ce n'est pas vous qui m'avez choisi, c'est moi qui vous ai choisis. » (S. Jean, XV, 16.)

Il serait insensé de vouloir diriger uniformément les enfants, et si la masse reçoit forcément une même impulsion, individuellement il faut varier ses moyens d'action. Parmi ces jeunes filles du peuple se trouvent des natures d'élite à la culture desquelles la Directrice doit donner tous ses soins. Ce sera le *bon levain* qui fera *fermenter* la masse. « Formez un bon noyau de jeunes gens, disait l'abbé Allemant, c'est par là qu'il faut commencer. » Pour nos jeunes filles de même, avec un bon noyau tout ira. Où trouver ces natures d'élite ? Partout où Jésus le voudra. Peut-être est-ce l'influence d'une mère chrétienne qui se fera sentir et aura donné à cette jeune fille une heureuse impulsion ? Telle autre, nature choisie, aura au contraire, un père et une mère indifférents, hostiles même. Mais il semble que Dieu ait voulu placer un ange gardien près d'eux pour rapprocher un jour de Lui ce foyer d'où sa pensée est exclue et où l'on blasphème peut-être même son saint Nom ! En attendant, Il veut trouver quelques dédommagements dans cette âme ardente qui l'aime pour toute une famille ! Véritable lis au milieu des épines ! « O profondeur des trésors de la sagesse et de la science de Dieu ! Que ses jugements sont impénétrables et ses voies incompréhensibles ! Car qui a connu les desseins de Dieu ? Qui est entré dans le secret de ses conseils ? Qui lui a donné quelque chose le premier pour en attendre une récompense ? Tout est de Lui, tout est en Lui, à Lui soit gloire dans tous les siècles. » (Ep. de S. Paul aux Romains, ch. XI.)

Quoi qu'il en soit, ces chères âmes ont été éclairées de la lumière divine et ont répondu aux grâces du divin Maître. Tenons-les en garde contre l'orgueil, inspirons-leur de la reconnaissance envers Notre-Seigneur, leur rappelant sa divine parole : « Ce n'est pas vous qui m'avez choisi, mais moi qui vous ai choisis. » Qu'elles se gardent donc de mépriser leurs parents indifférents ou irréligieux ou leurs compagnes moins pieuses ! Qu'elles soient aimables dans leur intérieur ; et que des parents, pleins de bon sens quoique indifférents, ne puissent faire à leur fille ce reproche : « *Pour une jeune fille qui fréquente tant les églises, elle a vraiment trop mauvais carac-*

tère (sic). » Hélas ! quelle responsabilité pour la jeune fille dont la piété de mauvais aloi mérite ce reproche !

Sachons si nos grandes jeunes filles donnent satisfaction dans leur famille, si elles aident au ménage et rendent volontiers les services qu'on leur demande. Les jeunes filles ont actuellement, surtout dans certains quartiers plus aisés, un singulier mépris des occupations domestiques. On a essayé les écoles ménagères, mais ces essais ne profiteront qu'autant que nous aurons convaincu les jeunes filles de la nécessité des soins matériels. Trop souvent les jeunes filles malédifient et éloignent de Dieu leurs proches par la non-compréhension du devoir d'état : « Si l'ignorance des devoirs de mon état est la principale cause de mes fautes, ignorance beaucoup plus commune qu'on ne saurait croire, il faut que je me détermine une bonne fois à étudier mes obligations, et à me rendre capable de les remplir. Et de combien d'espèces de devoirs souvent la même personne n'est-elle pas chargée ? devoirs domestiques, de mari, de père, de maître ; devoirs publics, du rang qu'on tient dans le monde, de la profession qu'on y exerce, de l'autorité dont on est revêtu, des rapports que donnent avec le prochain les différents genres d'affaires ; sans parler des devoirs communs à tout chrétien, et de ceux qu'imposent mille circonstances particulières. Je dois m'instruire à fond de tout cela ; sinon je suis responsable des fautes que mon ignorance me fait commettre, et de celles qu'elle occasionne aux autres. Quelle ample matière d'examen, de réforme et de pénitence pour quiconque veut se sauver, et est bien convaincu que l'accomplissement des devoirs d'état est une des conditions essentielles du salut ! » (*L'Ecole de Jésus-Christ,* par le Père GROU, Ire Leçon.)

Méfions-nous de l'exaltation sentimentale de certaines enfants qui se croient très pieuses et qui n'ont pas l'esprit de sacrifice, le dévouement à Dieu et aux âmes ; elles veulent *jouir* de Notre-Seigneur et se *recherchent* elles-mêmes dans la piété, cherchant les consolations sensibles et non le Dieu crucifié.

Pour guider les Directrices dans la formation d'une élite véritablement sérieuse et apostolique, l'Association de Notre-Dame du Bon Conseil dont le siège est à l'Archevêché de Paris, sera d'un puissant secours. (Voir p. 162 et appendice p. 200).

Ne soyons pas trop crédules à l'endroit des vocations religieuses. Dès qu'une enfant de vingt ans a quelque piété, elle s'imagine avoir la vocation religieuse et souvent (car la nature humaine est toujours là, et l'imagination de la femme trotte toujours) elle prend pour signe de vocation ses défauts eux-mêmes ; on voit des jeunes filles paresseuses, maladroites, croire que c'est le goût des choses spirituelles qui les rend impropres aux soins matériels.

Ne nous méprenons donc pas sur de semblables enfants : jugeons-les à leurs œuvres, à leur esprit de sacrifice et d'abnégation, et non à leurs confidences poétiques ou exaltées. Ne nous ingérons pas seules dans une question qui dépend du Directeur ; toutefois il est bon d'en causer avec lui, et de lui montrer sous son vrai jour la jeune fille, ange peut-être d'apparence à l'église, mais souvent démon au dehors ! orgueilleuse, molle, paresseuse dans sa famille et au Patronage, affectant un ridicule mépris des soins du ménage et de tout travail matériel ! parlant du mariage avec un *mépris grossier*, rêvant de devenir religieuse pour être *dame de chœur*, et non sœur converse ! Vocation mensongère, bonne à faire beaucoup de mal dans son entourage. La vraie élite, ce sont ces âmes généreuses, ardentes, qui se sacrifient et s'oublient volontiers. Ce sont ces jeunes filles qui trouvent le moyen de s'adjuger au Patronage et partout les corvées, les mauvaises places, et cela sans qu'on s'en aperçoive ; qui, aimables et bonnes chez elles, se priveraient de réunions aimées pour ne pas contrarier leurs parents. De telles jeunes filles envisagent dans le mariage la noble tâche de l'épouse et de la mère chrétienne, elles voient dans le célibat le dévouement filial à leurs vieux parents pauvres ou infirmes et peut-être même la donation totale d'elles-mêmes à Dieu et aux âmes. Dans la vie religieuse enfin elles considèrent l'holocauste de soi-même à Dieu par l'obéissance et le renoncement perpétuel. Elles n'osent se croire dignes de cette vocation et ont besoin de s'y préparer par le dévouement et l'abnégation. Elles comprennent le prix de la souffrance, de la croix ; leur foi est simple, robuste. Telle est l'élite. Pour arriver à découvrir et à cultiver cette élite, nous devons avoir un abandon affectueux dans nos rapports avec les grandes, les prendre parfois à part, mais sans excès, les trop longues directions ayant des inconvénients, car elles habituent les jeunes filles à l'occupation d'elles-mêmes.

Par quelques mots bien sentis, par la demande d'un petit service ennuyeux au Patronage, ou de quelque sacrifice, nécessaire au bien des âmes, la Directrice développera chez ses grandes la fibre apostolique, et les rendra chaque jour plus dignes des prédilections du divin Maître.

CHAPITRE XI

Principaux moyens de former les enfants à la piété.

> « Cherchez d'abord le règne de Dieu ; tout le reste vous sera donné par surcroît. »
> (S. Matth., VI, 35.)

Former les enfants à une piété vraie et solide, voilà le but suprême du Patronage, et l'idéal souvent bien difficile à atteindre.

Quand on lit les livres de M. l'abbé Timon-David, on est surpris de ce qu'il obtenait de ses jeunes gens. « Chose étonnante, on craint de trop demander à la jeunesse et on n'obtient rien — on leur demande beaucoup et on obtient plus qu'on ne demande (1). » Sans doute, hélas ! l'irréligion a fait des progrès effrayants : nos enfants des écoles laïques, que nous ne voyons qu'une ou deux fois par semaine, ne peuvent être comparées avec les jeunes gens que M. l'abbé Allemant avait tous les

(1) *Méthode de direction des œuvres de Jeunesse*, par M. l'abbé Timon-David.

jours sous la main. — Cependant ne nous décourageons pas en présence des difficultés, car « ce qui est impossible aux hommes est possible à Dieu ». Sous prétexte de nous mettre à la portée de la génération tiède et sceptique de nos jours, n'entrons pas dans le déplorable *système du moins possible*.

Tout d'abord ne craignons pas de parler des grandes vérités de la religion un peu trop oubliées de notre temps. Efforçons-nous de convaincre nos enfants que l'affaire la plus importante pour nous, c'est *notre salut :* « Que sert à l'homme de gagner l'univers, s'il vient à perdre son âme ? » Il y a un enfer pour punir les coupables, il y a un Ciel pour récompenser les bons. Si nous perdons notre âme, nous serons éternellement malheureux, si nous la sauvons, nous serons éternellement heureux. Dieu est notre Maître souverain : lui rendre le culte que nous lui devons par les devoirs religieux essentiels, et accomplir nos devoirs d'état, voilà seulement ce qu'il exige de nous. Mettons donc nos chères enfants en garde contre cette objection : « Je n'ai pas le temps de prier ni d'aller à la messe le dimanche : la religion, c'est bon quand on n'a rien à faire. » Quoi ! Dieu qui nous a tout donné nous réclame une demi-heure par semaine et nous la lui refuserions ! Oh ! faisons-leur comprendre à ces chères petites la parole du divin Maître : « Cherchez d'abord le royaume de

Dieu, et tout le reste vous sera donné par surcroît ! » Oui, que ces principes solides de la foi les guident toute leur vie dans toute leur conduite, et les bénédictions de Dieu ne leur manqueront pas dès cette vie, en attendant le royaume de Dieu dans l'autre monde.

Au Patronage les exercices religieux sont habituellement :

1° La prière en commun ; exigeons que les enfants la fassent lentement, avec attention et de tout leur cœur.

2° L'assistance à la sainte Messe le dimanche. Trop souvent hélas ! nos pauvres enfants reléguées dans un coin de l'église, voyant à peine l'autel, suivent bien difficilement leur messe et ont grand besoin des indications de la Directrice. Lorsque le Patronage, plus privilégié, a sa chapelle particulière, il est plus facile d'exiger que les enfants apprennent de bonne heure à suivre leur Messe.

3° La confession et la communion du mois. Sans doute, toute liberté doit être laissée aux enfants pour la réception des sacrements, et aucune pression ne doit être exercée. Toutefois, l'usage de la communion générale du mois est d'un heureux effet pour stimuler la piété et l'amour du Saint Sacrement.

Il est bon de surveiller les confessions, afin qu'elles se passent avec recueillement et sans que les enfants se dissipent ou se racontent leurs péchés entre elles, comme elles en ont parfois la coupable habitude.

Les jours de communion, il faut veiller à ne pas renvoyer à jeun des enfants délicates demeurant loin.

4° Le chemin de la croix est un exercice qui touche habituellement beaucoup les enfants ; donc s'en servir pour exciter en elles l'amour de Notre-Seigneur Jésus-Christ qui a tant souffert pour nous, et les diviser en petits groupes de manière à ce qu'elles ne se dissipent pas.

5° Le chapelet ou la dizaine de chapelet dite pieusement au Patronage.

Tâchons d'inculquer à nos enfants l'habitude d'avoir toutes un chapelet dans leur poche.

6° L'assistance au salut, indispensable le dimanche à un Patronage chrétien : en se gardant toutefois d'exiger ni vêpres, ni sermons, les longs offices fatigant les enfants.

Il ne suffit pas de faire au Patronage des exercices de piété, il faut graver profondément dans le cœur des enfants la nécessité d'une vie chrétienne, et leur faire prendre l'habitude des devoirs religieux les plus essentiels qu'elles devront conserver toute leur vie : l'offrande de leur cœur et de leur journée à Dieu chaque jour au réveil, la prière du matin et du soir, l'assistance fidèle à la Messe le dimanche, la Communion pascale. Voilà ce qui est obligatoire : elles doivent le savoir ; engageonsles à ne pas s'en tenir là, mais à communier aux principales fêtes de l'année et aux fêtes de la Sainte Vierge, ce qui les fera s'approcher de la sainte Table une fois par mois. Les Enfants de Marie peuvent avoir une communion tous les quinze jours et faire chaque matin une petite lecture de piété. Les retraites sont un puissant moyen pour réformer les enfants et leur faire prendre des résolutions durables de vie chrétienne. Nous ne pouvons mieux faire que de reproduire ici les excellents conseils d'une de nos anciennes Directrices.

Les Retraites. — Elles sont de deux sortes: ouvertes ou fermées. Les retraites *ouvertes* : l'enfant reste dans sa famille, continue à fréquenter l'atelier ou l'école. C'est ce qui a lieu à Pâques, à la veille d'une réception d'Enfants de Marie ou d'un mariage. Nous omettons exprès la retraite de première Communion qui s'adresse à un groupe spécial et a lieu dans des conditions particulières. Les retraites ouvertes peuvent faire un grand bien, ramener au bercail celles qui s'égaraient, affermir les autres dans la bonne voie, etc.

Il faut préparer ces retraites, envoyer à chaque enfant une lettre d'invitation, faire des visites pour décider les hésitantes, surtout choisir très soigneusement le prédicateur quand cela est en notre pouvoir ! Procurer à ce moment-là un confesseur extraordinaire aux enfants. On ne saura jamais assez dire la grande importance de cette facilité de changer, pour une fois, de confesseur. C'est un détail que nous a appris une longue expérience, nous ne l'eussions jamais cru si généralement nécessaire.

Les retraites *fermées,* c'est-à-dire données dans une maison religieuse ou particulière dans laquelle les enfants viennent passer trois ou quatre jours, en dehors de leurs occupations habituelles, ne s'occupant que de la Retraite. Là surtout, il faut un prêtre connaissant bien la classe ouvrière.

C'est un tort de présenter la Retraite aux enfants comme une partie de plaisir. Il ne faut pas craindre de poser la Retraite, dès le début, sur un pied très sérieux et de l'y maintenir; c'est le seul moyen de faire un vrai bien.

Suivre cette règle partout : exiger le silence, en dehors des récréations; faire beaucoup prier. A nos enfants, il faut des récréations, même en retraite, c'est une détente nécessaire. Ce sera la récréation modèle où tout le monde jouera de tout son cœur.

Faire prendre quelques notes sur les instructions, les dicter au besoin pour que ce soit net, court, pratique. Dans les temps libres : travail manuel, une histoire édifiante, quelques avis dans lesquels on s'appliquera à entrer dans l'idée du prédicateur. La Directrice verra en particulier chacune des retraitantes, surveillera les petits détails de santé d'abord, aidera beaucoup surtout les jeunes, celles qui viennent pour la première fois, etc. Le faire dès le soir du premier jour; elles s'ennuient, c'est la grande tentation. Les engager à une grande confiance envers le Père Prédicateur, mais garder grande réserve et prudence. Pas de préférences, se donner également à toutes sans idées préconçues. Ne pas juger sur l'extérieur. — Tout ce qui précède montre combien il serait à désirer que chaque Directrice pût suivre ses enfants en retraite. C'est une grande fatigue, mais le bien qui en résulte est immense. (Extrait des Notes d'une Directrice).

Les associations de piété les plus répandues dans nos Patronages, sont les associations des Saints-Anges et des Enfants de Marie. Outre les grâces particulières que renferment ces associations, elles sont un puissant stimulant pour maintenir les enfants dans l'assiduité et la piété (1), si l'on a soin toutefois d'exiger certaines conditions pour recevoir ces jeunes associées.

Pour établir une confrérie des Saints-Anges, s'adresser au Directeur central des Clercs de Saint-Viateur, à Vourles, près Lyon, où la confrérie des Saints-Anges Gardiens est canoniquement érigée.

Pour établir une confrérie d'Enfants de Marie dans un patronage, si la paroisse n'en possède pas déjà à laquelle on puisse s'agréger, il faut la faire affilier à la Prima Primaria de Rome (2).

---

(1) Voir à l'Appendice le rapport sur les Associations pieuses au Patronage.

(2) Une Congrégation de la Sainte Vierge ne peut jouir des indulgences et privilèges concédés par le Saint-Siège à la congrégation mère, dite *Prima Primaria*, si elle ne lui est affiliée.
Voici d'ailleurs les formalités à remplir pour obtenir l'affiliation à la *Prima Primaria*.
I. La congrégation que l'on veut affilier doit être érigée canoniquement, c'est-à-dire reconnue et approuvée par l'Ordinaire.
II. On écrit ensuite au R. Père Général de la Compagnie de Jésus ou

Inspirer aux jeunes filles de nos Patronages, une solide piété, c'est là vraiment un des plus nobles buts de notre Patronage. L'abbé Allemant réduisait son œuvre à ces deux mots : « Prier et jouer. » Faisons donc prier nos enfants, donnons-leur l'habitude de la piété, c'est ce à quoi les avis de piété de la Directrice doivent puissamment aider.

Ces avis doivent faire beaucoup de bien s'ils restent dans la note voulue. Il ne faut pas que ce soient des sermons, des homélies, ce qui est réservé aux avis du prêtre directeur, mais que ce soient des causeries familières, intimes, gaies, animées, parsemées, çà et là, de traits choisis avec soin dans vos lectures, des petits conseils pratiques. Vous pouvez dans ces avis entrer dans beaucoup de détails intimes, où la parole du prêtre ne peut s'abaisser : vous êtes mères et vous pouvez tout dire ! Comprenez la nécessité de réprimer les défaillances quelles qu'elles soient.

Ne restez pas dans le domaine abstrait ou géné-

---

au Secrétaire Général. La demande doit être faite au nom de la Présidente, des Assistantes et indiquer :

1° La classe des personnes qui composent la congrégation, jeunes gens, jeunes filles, etc...

2° Le vocable ou la fête titulaire. Il est de rigueur que la congrégation soit consacrée à honorer un *mystère* ou un *titre* de la Sainte Vierge. Elle peut néanmoins avoir un patron ou titre secondaire, des Saints-Anges, de Saint-Joseph, de Sainte-Anne, etc.

3° L'église ou la chapelle, la ville et le diocèse où la congrégation est érigée.

OBSERVATION. — Il est utile de traduire en français et d'afficher dans la chapelle de la congrégation le catalogue des indulgences et privilèges expédiés de Rome.

ral ; que vos avis s'adressent bien à vos enfants du Patronage, à *celles* en particulier, grandes ou petites, que vous avez sous les yeux, qu'elles sentent bien que ce sont *à leurs défauts à elles* que vous faites la guerre, et ne récitez pas une belle page de Bossuet convenant à un autre auditoire. « L'important, dit Mgr Dupanloup, c'est de ne jamais parler en l'air, mais à son auditoire, pour son auditoire et non pas simplement devant son auditoire. »

Les enfants s'accoutument très vite aux avis ; cela leur plaît et leur fait grand bien. C'est une révélation pour elles de se sentir connues de leur Directrice ; elles en sont tout ébahies (1).

Faites-leur aimer la religion, faites-leur comprendre que le *bon Dieu est bon*, que la religion est aimable, qu'elle est un soulagement et non une surcharge. « Venez à moi, vous tous qui êtes fatigués et qui ployez sous le travail, et je vous soulagerai. Prenez mon joug sur vous, et apprenez de moi que je suis doux et humble de cœur, et vous trouverez le repos de vos âmes, car mon joug est doux, et mon fardeau léger. » (S. Matth., XI, 28-31.)

Instruisons-les à fond, solidement, des vérités

---

(1) J'ai vu certaines enfants répondre par des signes de tête affirmatifs, appuyant par une mimique approbative ce que disait leur Directrice, tant elles étaient saisies de voir leur âme si connue.

les plus importantes. Faisons-leur goûter les enseignements saints et sublimes de l'Evangile. Quelle ignorance parfois sur des dogmes essentiels, chez les enfants de 14 à 15 ans ! Voilà ce qui prouve la nécessité, l'importance, non seulement des avis de piété, mais de l'instruction religieuse proprement dite. Là nous sommes merveilleusement soutenues et secourues, par les examens religieux de l'Archevêché. Il est vraiment indispensable que toutes nos enfants passent au moins le premier degré (catéchisme, histoire sainte, vie de Notre-Seigneur), et il faut tâcher ensuite d'obtenir le plus grand nombre possible d'enfants pour les degrés supérieurs et les concours. Mais, préparez cet examen avec intelligence dès le début de l'année, au lieu de surcharger au dernier moment la mémoire des enfants sans profit pour leur âme ! Il sera bon également que les programmes tracés d'avance puissent guider les maîtresses de chaque section ; ce qui, en cas de maladie ou d'absence, facilitera la tâche de leur remplaçante.

Voici, au sujet de l'instruction religieuse et des examens de l'Archevêché, de précieux conseils donnés à une réunion des Directeurs de Patronages, par l'un d'entre eux, en février 1903.

« Il est de grande importance qu'on se préoccupe, dans les Patronages, de l'instruction religieuse des enfants. En général, on ne néglige rien pour les porter à la piété ; mais on doit se souvenir que la vraie piété suppose une foi suffisamment éclairée : autrement, dans le temps présent surtout, elle n'aura pas de lendemain.

« Or, il ne faut pas se dissimuler que l'ignorance religieuse est très grande, parmi les enfants des Patronages ; les années de catéchisme de Première Communion ne peuvent fournir qu'un bagage très léger de science religieuse : ce bagage s'allège encore par le phénomène de l'oubli ; il n'en reste rien. Dans leurs familles, ou dans leurs écoles, ou dans leurs ateliers, les fillettes et jeunes filles de nos Patronages ne trouvent d'ailleurs aucun secours à ce point de vue, tout au contraire.

« Si donc le Patronage ne veille pas à sauvegarder et à développer les connaissances religieuses, il manque à un des articles les plus essentiels de son programme.

« On encouragera donc *beaucoup* l'assistance aux Catéchismes de Persévérance ; on encouragera surtout la préparation aux examens religieux de l'Archevêché. Toutefois, on aura soin de ne pas considérer le résultat de l'examen comme le *but* à poursuivre, en réalité, l'examen n'est qu'un *moyen* : le *but*, c'est que, par ce moyen, les enfants s'instruisent ; on évitera donc d'attendre aux dernières semaines pour faire, en toute hâte, une préparation, à la rigueur suffisante, pour la réussite de l'examen, mais qui laissera peu de fruits. Il conviendra de s'y prendre quelques mois à l'avance et d'organiser des répétitions auxquelles on s'efforcera d'attirer les enfants en rendant la chose aussi attrayante que possible (1). »

Profitons de ces sages conseils et préparons *surnaturellement* nos enfants à ces examens. Sans doute, visons au succès pour les stimuler, mais cherchons surtout à profiter de ce moyen pour les instruire solidement des vérités religieuses, et, si elles échouent à l'examen, présentons-les à nouveau une autre année, et ne soyons pas les premières à nous décourager par un faux zèle, où l'amour-propre et la susceptibilité entreraient pour beaucoup. Le principal est que nous ayons occasion de leur donner une instruction religieuse solide qui en fasse des femmes de foi.

Puissent-elles, ainsi armées pour les luttes et les tentations de la vie, rester *toujours* fidèles au conseil du Divin Maître : « Cherchez d'abord le royaume de Dieu ; tout le reste vous sera donné par surcroît. »

---

(1) *Motion sur les examens religieux*, par M. l'abbé Verdrie.

CHAPITRE XII

Des jeux, récréations et divertissements.

> « Je me suis rendu faible avec les faibles pour gagner les faibles. Je me suis fait tout à tous, pour les sauver tous. » (S. Paul, Ep. aux Corinthiens, IX, 22.)

M. l'abbé Allemant disait : « Mes enfants, quand vous courez bien, les Anges du haut du Ciel sont contents de vous, et moi aussi. »

Tous ceux qui s'occupent des œuvres de jeunesse sont d'accord pour constater l'importance primordiale de l'entrain dans un Patronage. Mais comment amuser des enfants, souvent gâtées et blasées, dans ce siècle où les gens du peuple payent parfois à leurs jeunes enfants tant de divertissements plus ou moins faits pour elles, concerts, théâtres, etc. Puis, les jeux coûtent cher et sont vite usés.

Ce n'est pas par la cherté ni par la multiplicité des jouets qu'on assure l'entrain (1). C'est par la gaieté de la Directrice et la bonne volonté et le dévouement des grandes. C'est par des jeux d'ensemble qui réunissent toutes les enfants. Faites-leur comprendre que le jeu est comme l'amabilité

---

(1) On peut indiquer comme recueil de jeux, le livre de Mme de Chabreul : *Jeux et exercices de jeunes filles*. Hachette, Paris.

un grand moyen d'apostolat. Soyez gaie, vous, Directrice, même si votre disposition naturelle vous porte à la tristesse, car vous n'êtes pas au Patronage pour penser à vous ! Dites à vos enfants qu'un *saint triste* est un *triste saint !* Mais je n'aborde qu'incidemment cette question, préférant renvoyer les lectrices au chapitre consacré à ce sujet dans le précieux opuscule de M. l'abbé Schaefer (1), si pénétré, comme tous les guides expérimentés des œuvres de jeunesse, de l'utilité des jeux et de l'entrain, et directeur d'un Patronage aussi remarquable par sa gaîté que par son bon esprit. « Les enfants, dit-il au début de ce chapitre, ont une manière à eux de juger la prospérité d'une œuvre. Pour eux, tout se réduit à cette question : s'y amuse-t-on, ou s'y ennuie-t-on ? Si l'on s'amuse au Patronage, ils y accourent ; si on s'y ennuie, ils le fuient. »

M. l'abbé Schaefer recommande les jeux généraux et animés afin d'éviter la plaie des conversations particulières. « Les rondes folles et les courses rapides sur la cour auxquelles prennent part tous les enfants, petites et grandes. » Pour les organiser, il préconise la *compagnie d'entrain*. compagnie florissante dans son Patronage de Plaisance, et où s'accomplissent tant d'actes de naïf et modeste dévouement. Lisez ce chapitre

(1) *Comment diriger nos Patronages de jeunes filles ?* Paris, Lecoffre.

et écoutez le conseil qui le termine (page 89) : « Adoptez la compagnie d'entrain et je vous promets que la joie ne chômera pas dans vos œuvres. De tous les attraits du Patronage, je n'en connais pas de meilleur. »

Dilatez, réveillez vos chères enfants, écoutez leurs idées bonnes ou mauvaises, approuvez les bonnes, redressez maternellement les idées fausses ou erronées ; mais que vos grandes aient avec vous le cœur sur la main. Quant aux comédies, faut-il les encourager ? y a-t-il inconvénient à développer ce goût chez nos enfants ? Là-dessus les avis sont partagés : certaines Directrices, certains Directeurs, certains Curés, donnent beaucoup d'importance aux pièces et saynètes qui font le principal attrait des séances récréatives, ils ont même un vrai petit théâtre au Patronage ; d'autres, redoutant de donner le goût des planches aux jeunes filles, bannissent complètement toute représentation théâtrale ; d'autres enfin en théorie repoussent théâtre et saynètes, mais en pratique les admettent ; car, en maints endroits, c'est le seul moyen de retenir et d'intéresser les enfants.

Il nous semble que le moyen de concilier toutes les opinions est de faire jouer des pièces tranquilles, soit des mystères de Noël ou autres sujets religieux, soit des saynètes gaies, prises dans des milieux bourgeois, donnant lieu à peu de mise en scène et de toilette. En observant les deux règles suivantes : 1° faire jouer de bonnes enfants rondes et simples, et évincer les poseuses qui voudraient se mettre en avant ; 2° ne pas trop multiplier les fêtes et attractions de ce genre.

Pour le choix des saynètes, il faut être sévère et repousser tout ce qui serait sentimental ou trivial (1).

En résumé, il faut considérer ces fêtes récréatives comme un moyen pour attirer les enfants, moyen inoffensif, s'il reste dans de justes limites, moyen dangereux, si les représentations deviennent l'unique objet du Patronage. Prêtez-vous gaiement et de bonne grâce aux divertissements, veillant maternellement à ce que ces récréations restent dans les limites nécessaires, mais aient un certain attrait qui amène les enfants. Ainsi suivrons-nous le conseil de saint Paul : « Je me suis rendu faible avec les faibles pour gagner les faibles. Je me suis fait tout à tous pour les sauver tous. »

(1) L'Œuvre générale des Patronages a fait un petit catalogue des pièces pouvant être jouées par nos jeunes filles. Se trouve au Secrétariat de l'Œuvre, 17, rue Hamelin.

CHAPITRE XIII

Résultats du Patronage.

> « Je donne ma vie pour mes brebis. » (Saint Jean, X, 14.)

Après avoir envisagé sous tous rapports les devoirs des Directrices de Patronage, nous serons d'accord sur ces deux points : 1° que c'est une noble et grande tâche que le Seigneur nous a confiée ; 2° que pour la remplir comme il faut, ce n'est pas trop d'une vie entièrement consacrée à Dieu et aux œuvres de jeunesse, et d'efforts continuels sur nous-mêmes, pour ne pas tomber dans les divers écueils et défauts que nous avons signalés en passant.

Ces deux constatations enflammeront, peut-être, certaines jeunes auxiliaires, débutantes, du désir de se dévouer à ces chères brebis du Bon Pasteur, à ces âmes si aimantes de jeunes filles du peuple, sur lesquelles nous pouvons avoir tant d'influence, et d'épuiser leur vie à leur service, en un mot de devenir Directrice d'un Patronage ! D'autres, au contraire, reculant d'effroi devant cette série de minimes et obscurs sacrifices, et subissant d'ailleurs l'influence du milieu où elles vivent, diront : « A quoi bon user son existence dans ce monotone esclavage ? n'avoir plus de liberté ni de tranquillité ? Ne peut-on faire son salut autrement ? Et, après tout, quels résultats tire-t-on de tant de peine ? »

Sans doute, chère auxiliaire, on peut faire son salut autrement, et si vous avez une autre vocation, suivez-la. Saint Paul a dit, en effet, que la femme chrétienne faisait son salut en élevant ses enfants. Mais ne dites pas « à quoi bon ? » parole hélas ! qui se propagerait trop vite. « A quoi bon verser mon sang pour la patrie ? » dirait alors le jeune soldat, tremblant et reculant sur le champ de bataille ? « A quoi bon sacrifier mon plaisir, mon bonheur ? » diraient le chrétien et la chrétienne. A quoi bon ? Oh ! parole de lâcheté et de découragement, antichrétienne et antifrançaise ! Ne nous faites pas cette question, à nous chrétiennes, disciples d'un Maître crucifié, qui voulons user à son service jusqu'au dernier souffle de notre vie ! C'est déjà trop de bonheur d'avoir été admise, ne fut-ce que quelques années, à travailler au champ du Maître !

Notre-Seigneur, lui-même, n'a converti ni tout l'univers ni même toute la Galilée. Dans le petit groupe restreint de ses Apôtres, n'a-t-il pas trouvé un criminel, Judas, qui a péché mortellement au jour de sa Première Communion, et est mort dans le désespoir !

Pourtant le Sauveur n'a pas hésité à mourir

pour tous les hommes. Pourquoi donc, nous, pauvres créatures, reculerions-nous devant l'apostolat, sous prétexte que nous aurons des insuccès ?

Mais répondons à cette question : quels résultats obtenons-nous ?

Quels résultats obtenons-nous ? Des résultats restreints évidemment ; mais enfin, grâce aux Patronages, bon nombre d'enfants qui eussent abandonné leurs devoirs religieux aussitôt après leur première Communion, continuent à recevoir un peu d'instruction religieuse, et à pratiquer jusqu'à 15 ans, 16 ans. Hélas ! à cet âge les défections se produisent nombreuses, mais, en cas de maladie, puis de mariage, on peut avoir encore une action religieuse ; et peut-être à leurs derniers moments elles reviendront à Dieu. D'autres pratiquent jusqu'au mariage ; là, elles cessent, par faiblesse, ou parce qu'elles se laissent absorber par les soins du ménage (où elles sont peut-être trop inhabiles malheureusement) et par les côtés matériels de la vie ; mais elles font baptiser leurs enfants malgré des maris hostiles, et restent en rapport avec nous. D'autres, heureusement, se marient chrétiennement ; épouses et mères chrétiennes, elles viennent à nos réunions de jeunes femmes : leur piété simple et courageuse fait du bien dans le foyer qu'elles ont fondé, et rayonne même alentour.

Enfin, d'autres, humbles ouvrières, qui ne se

marient pas, restent les modèles des filles chrétiennes dans les familles auxquelles elles se dévouent. Une élite enfin se consacre à Dieu dans la vie religieuse, et à son tour lui gagne des âmes !

Si quelques brebis nous échappent, avouons pourtant que nos Patronages ont contribué à en conserver un bon nombre au bercail du Bon Pasteur ! N'eussions-nous pu lui conserver qu'une seule âme, nous plaindrions-nous d'avoir acheté trop cher le salut de cette âme ? alors même qu'elle nous aurait coûté une vie de travail, de sacrifice et de souffrances ! Non une âme rachetée du sang de Jésus-Christ vaut plus que notre misérable existence !

Tandis que l'enfer se déchaîne pour ravir à notre France, fille aînée de l'Eglise, les âmes de la jeunesse, redoublons nos efforts pour former dans nos Patronages, malgré les difficultés, une jeunesse française, profondément chrétienne.

Courage, Directrices du présent et de l'avenir ! Que votre devise soit cette parole du divin Maître : « Je donne ma vie pour mes brebis. » Cette simple parole vous soutiendra dans les plus grandes difficultés, et lorsque, après l'avoir mise en pratique, vous serez près d'expirer sur votre lit d'agonie, offrant pour ces chères âmes vos derniers sacrifices, vous répéterez avec une ineffable joie : « Je donne ma vie pour mes brebis ! »

DEUXIÈME PARTIE

Renseignements pratiques
Carnet des Œuvres

Œuvre générale des Patronages

SOUS LE VOCABLE DE NOTRE-DAME AUXILIATRICE
ET DE SAINTE CLOTILDE

Malgré leur dévouement et leur initiative, les Directrices de Patronages, de Paris, de banlieue et de province, souffriraient parfois de leur isolement, si elles ne sentaient un lien religieux et fraternel qui les unissent à un centre, à une œuvre mère. Cet appui dont elles sentent tant la nécessité existe : c'est l'Œuvre générale des Patronages. Par l'Archiconfrérie de Notre-Dame Auxiliatrice de Drancy que les Souverains Pontifes ont enrichie de nombreuses indulgences, elle établit un lien spirituel, une communauté de prières entre tous les Patronages.

Dans les réunions à l'Archevêché qu'elle a le bonheur d'avoir pour centre, l'Œuvre générale des Patronages soutient, par les paroles du Président et du Directeur, le courage des Directrices. Enfin son Secrétariat, 17, rue Hamelin, fournit tous les renseignements dont les jeunes Directrices peuvent avoir besoin.

En cas de détresse, l'Œuvre générale des Patronages les aide même selon ses moyens.

HISTORIQUE
DE
L'Œuvre générale des Patronages.

L'Œuvre générale des Patronages peut dater officiellement du 3 février 1851, à l'heure où s'organisait un Comité, aux accents enflammés du vicomte de Melun, ainsi que l'a rappelé M. l'abbé Odelin, vicaire général, au début du rapport du Cinquantenaire auquel nous empruntons l'historique de l'œuvre, en extrayant ses principaux passages.

« Le dimanche 3 février 1851, il y a donc aujourd'hui juste cinquante ans, à la même heure de l'après-midi, une assemblée d'élite se réunissait dans les salons de la mère de l'abbé de La Bouillerie, vicaire général, qui la présidait. Le vicomte Armand de Melun prononçait un éloquent discours en faveur de l'Œuvre naissante du Patronage des jeunes filles et gagnait à sa cause toutes les dames présentes.

« Dans cette première assemblée, l'Œuvre du Patronage des Jeunes Filles fut constituée sous la présidence de la mère du vicomte de Melun. Mme la duchesse d'Uzès, Mme la marquise de Forbin d'Oppède étaient conseillères ; la comtesse Paul d'Armaillé, secrétaire ; Mme la comtesse de Kersaint, trésorière.

« Ce fut, d'ailleurs, des classes élevées et intelligentes que partit le mouvement social chrétien après 1830. Ce furent Ozanam et quelques étudiants, jeunes gens d'élite, qui, les premiers, allèrent au peuple, en fondant les Conférences de

Saint-Vincent de Paul, œuvre admirable, mère de beaucoup d'autres, et dont l'Œuvre des patronages est la fille.

« Ce fut M. Lallart de Lebucquière, Président de la Conférence de Saint-Vincent de Paul d'Arras, qui fonda dans cette ville et en France, en 1843, le premier Patronage de Jeunes Filles sous le nom d'*Œuvre de Marie*.

« Ce fut sur les sollicitations pressantes de leurs pères et de leurs frères, membres de la Conférence de Saint-Vincent de Paul des Blancs-Manteaux, que deux jeunes filles de vingt ans, appartenant à la bourgeoisie parisienne, Mlles Erdeven et Viollet, fondèrent, en 1847, à Paris, le premier Patronage de Jeunes Filles.

« L'assemblée du 3 février 1851, en fondant l'Œuvre d'une manière officielle, lui permit de faire de rapides progrès.

« La Sœur Rosalie, qui a le cœur et l'esprit ouverts à toutes les initiatives de la charité, en comprit aussitôt l'importance.

« L'Œuvre est bonne, dit-elle, nous commencerons dimanche prochain. » Le dimanche suivant elle groupait quelques jeunes filles dans la cour et le préau de la maison des Sœurs, rue de l'Épée-de-Bois.

« Le premier Patronage de Sœurs était fondé.

« En 1856, Mme la baronne de Ladoucette devenait Présidente de l'Œuvre.

« Deux ans auparavant, au moment de la proclamation du dogme de l'Immaculée Conception, elle avait eu, disait-elle, l'inspiration d'élever un sanctuaire où la jeunesse ouvrière viendrait prier afin de rester pure et digne de l'Immaculée Vierge Marie.

« Le dimanche 11 juillet 1858, le jour de la fête du Sacré-Cœur, les jeunes filles du Patronage ayant été réunies à Notre-Dame, le cardinal Morlot prononça l'acte de consécration de la jeunesse ouvrière au Sacré-Cœur de Jésus. Il ajouta ces paroles : « Ce n'est que lorsque la jeunesse ouvrière tout entière sera consacrée au Sacré-Cœur de Jésus par la Très Sainte Vierge Marie que nous pourrons espérer dans l'avenir de notre patrie. »

« Ces paroles frappèrent Mme de Ladoucette. Bientôt elle édifiait, dans l'église paroissiale de Drancy, dont elle était la châtelaine, un sanctuaire de Notre-Dame Auxiliatrice. Le 8 septembre 1859, le nonce du Saint-Siège, Mgr Sacconi, venait bénir le nouveau sanctuaire et la statue de Notre-Dame Auxiliatrice.

« En 1865, Mme de Ladoucette obtenait de Pie IX l'érection de l'Œuvre du Patronage en Archiconfrérie de Notre-Dame Auxiliatrice de Drancy.

« Au spirituel, l'Œuvre avait obtenu de précieuses faveurs. Au temporel, elle acquérait la personnalité civile par un décret du 8 novembre 1873, qui lui donnait la reconnaissance d'utilité publique sous le titre d'*Œuvre des Apprentis et des Jeunes Ouvrières*.

En 1880, Mme de Ladoucette fonda l'asile Sainte-Berthe, à Drancy, pour y recevoir les jeunes filles convalescentes. Les jeunes filles malades du Patronage sont reçues également, grâce à sa générosité, au Pavillon Sainte-Berthe, à l'hôpital Saint-Joseph, à Paris.

« En 1894, l'asile de Drancy, école professionnelle et maison de convalescence, était reconnu d'utilité publique. Par testament Mme de Ladoucette lui légua sa villa Excelsior, de Cannes.

« En 1860, Mme de Ladoucette fonda des prix et des diplômes d'honneur pour les persévérantes ; pendant dix-huit ans, ils furent distribuées à Notre-Dame. Depuis 1878, ils sont distribués au pèlerinage du mois de mai à Drancy.

« En 1877, elle fonda des médailles pour les persévérantes ; ces médailles sont distribuées au pèlerinage du mois de septembre à Drancy. Le prix, le diplôme, la médaille, qui rappellent dix années et plus de persévérance, sont, pour les jeunes filles qui les ont obtenus, un souvenir plus précieux que les dons les plus riches.

« Mme de Ladoucette a assuré par un legs spécial les prix et les médailles de persévérance et les deux pèlerinages annuels. En mourant, elle laissa à Mme la comtesse de Blacas la présidence de cette œuvre.

« L'Œuvre des Patronages a pris part à l'Exposition universelle de 1900, dans la section des œuvres sociales et ouvrières, et a obtenu une médaille d'or. »

Parmi les patronages affiliés à l'Œuvre générale, les uns sont simplement paroissiaux. La Directrice est choisie par le curé, et c'est dans la paroisse qu'elle trouve les ressources nécessaires. D'autres, au contraire, se sont groupés pour unir leurs ressources, pour former leurs auxiliaires. C'est ainsi qu'ont été formés : Le groupe de la Sainte-Famille, fondé en 1891 par Mlle Ocicka à Saint-Médard, sous la direction de M. le chanoine Brettes, qui compte six patronages diocésains et trois en province ; le groupe de l'avenue de Villiers, sous la direction de M. le chanoine de Bretagne, en 1893 ; le groupe de Sainte-Clotilde, fondé en 1894, par M. l'abbé Lenfant, missionnaire diocésain, avec les anciennes élèves du couvent de Sainte-Clotilde et qui devint rapidement une œuvre d'une très grande importance. — En octobre 1906, Sa Grandeur Mgr le Coadjuteur l'incorpora d'une façon encore plus étroite à l'Œuvre générale des Patronages en nommant M. le chanoine Lenfant directeur de l'Œuvre générale des Patronages, sous la présidence de M. le vicaire général Odelin.

Les dignitaires des deux Œuvres absolument fusionnées travaillèrent de concert pour l'Œuvre générale des Patronages sous le vocable de Notre-

Dame Auxiliatrice et de sainte Clotilde. Les deux bulletins, organes de ces Œuvres, n'en formèrent plus qu'un.

Tous les patronages, dirigés soit par les Sœurs, soit par les Dames, appartenant ou non à un des groupes, se relient à l'Œuvre générale, comme à leur centre, auquel les rattache, d'ailleurs, le lien spirituel de l'Archiconfrérie.

Affiliation à l'Archiconfrérie.

Pour gagner les nombreuses indulgences accordées par les Souverains Pontifes à l'Archiconfrérie de Notre-Dame Auxiliatrice de Drancy, il faut :

1º Adresser une demande d'affiliation à M. le Directeur de l'Archiconfrérie, en indiquant :

I. Le nom de la paroisse ;

II. Le vocable et l'adresse du Patronage ;

III. Le nom de la Présidente, ceux de la Directrice et de ses auxiliaires ;

IV. Le nombre des enfants faisant partie du Patronage et désireuses d'entrer dans l'Archiconfrérie : persévérantes seulement ;

V. Le nombre des Dames Patronnesses.

Cette demande doit être signée par le Curé de la paroisse ou le Directeur du Patronage.

Le Secrétariat de l'Œuvre générale se charge de la faire parvenir au curé de Drancy, sous-directeur de l'Archiconfrérie.

2° La Directrice, une fois son Patronage affilié à Drancy, tient un registre, où elle inscrit au fur et à mesure le nom des nouvelles enfants faisant partie de son Patronage, qu'elle désire faire entrer dans l'Archiconfrérie ; et, chaque année, elle envoie au Secrétariat, qui le communique à Drancy, *le nombre de ces nouvelles inscrites :* le nombre marqué à Drancy représente autant de noms inscrits sur le registre de la Directrice.

Le Secrétariat fournit des bulletins d'admission pour être distribués à chaque membre de l'Archiconfrérie : Directrice, Directeur, Présidentes, Dames patronnesses, Enfants.

Des Confréries, dépendantes de l'Archiconfrérie, peuvent être érigées dans les diocèses affiliés à l'Œuvre générale des Patronages ; elles profitent des biens spirituels et des indulgences accordés à l'Archiconfrérie de Notre-Dame Auxiliatrice de Drancy. Pour tous renseignements, s'adresser au Secrétariat, 17, rue Hamelin.

Indulgences accordées à l'Archiconfrérie de Notre-Dame Auxiliatrice de Drancy par brefs, en date des 11 février 1858 et 11 août 1874, et conditions pour les gagner.

INDULGENCES PLÉNIÈRES

1° Le jour de l'entrée dans l'Association ;
2° A l'article de la mort ;
3° Aux fêtes de l'Immaculée-Conception, de

la Nativité, de l'Assomption de la Très Sainte Vierge, de Notre-Dame Auxiliatrice (24 mai) ; de saint Germain, évêque d'Auxerre (31 juillet) ;

4° A la fête de la Portioncule (2 août) ;

5° Une fois par mois au jour choisi par chaque associé.

Conditions. — 1° Se confesser ; 2° communier ; 3° visiter l'église de l'Archiconfrérie, en cas d'empêchement, sa propre église paroissiale, et y prier aux intentions suivantes : la concorde entre les princes chrétiens, l'extirpation des hérésies et l'exaltation de la sainte Église.

Nota. — Les associés ont huit jours consécutifs pour gagner ces indulgences, depuis les premières vêpres de chaque fête jusqu'au coucher du soleil du septième jour qui la suit.

Pour l'indulgence à l'article de la mort, si la confession et la communion ne sont pas possibles, il suffit que, pénétré d'une vraie contrition, on invoque pieusement le saint nom de Jésus, au moins de cœur, si on ne le peut de bouche.

INDULGENCES PARTIELLES

Sept ans et sept quarantaines : 1° Le jour de la Pentecôte ;

2° Le jour ou le dimanche où l'on célèbre la fête de la Visitation de la Bienheureuse Vierge Marie ;

3° Le jour ou le dimanche où l'on célèbre la fête du Sacré Cœur de Jésus ;

4° Le jour de la Toussaint.

Conditions. — Visiter avec un cœur contrit l'église de l'Archiconfrérie, en cas d'empêchement, sa propre église, et y prier aux intentions ci-dessus exprimées.

Soixante jours d'indulgence : Chaque fois que l'on assiste à la messe ; aux offices divins ; aux processions du Très Saint Sacrement ; que l'on accompagne le Saint Sacrement lorsqu'on le porte aux infirmes, ou, si l'on ne peut l'accompagner, que l'on récite un *Pater* et un *Ave* pour les associés défunts ; chaque fois généralement que l'on fait une œuvre de piété ou de charité.

Nota. — Toutes les indulgences susdites sont applicables aux âmes du Purgatoire.

Observations. — Tous les membres de l'Archiconfrérie, patronants ou patronnés, directeurs religieux, dames patronnesses, jeunes gens, jeunes filles, quels qu'ils soient, ont droit aux indulgences susdites pourvu qu'ils soient affiliés. Or, une seule condition est requise à cet effet : c'est d'être inscrit sur les registres de l'Archiconfrérie.

Vu et approuvé : H. ODELIN, Vic. Gén.,
Président de l'Œuvre des Patronages.

Notice sur l'Œuvre générale des Patronages

ÉTABLIE A L'ARCHEVÊCHÉ DE PARIS

POUR FONDER ET SOUTENIR DES PATRONAGES

DESTINÉS AUX JEUNES FILLES DU PEUPLE

Président d'honneur : Mgr Amette, coadjuteur de l'Archevêque de Paris.

Président : M. l'abbé Odelin, vicaire général.

Vice-Président : M. le chanoine Roland-Gosselin.

Directeur : M. le chanoine Lenfant, curé de Saint-Antoine.

Sous-Directeurs : M. l'abbé Igonel, premier vicaire de Saint-Antoine ; M. l'abbé Gouyon, vicaire à Saint-Augustin.

Présidentes honoraires : Duchesse douairière de Clermont-Tonnerre ; Mme Nolleval.

Présidente générale : Comtesse Bertrand de Blacas.

Présidente du Bureau : Mme Charles Hébert.

Section des Sœurs. — Présidente : Comtesse Bertrand de Blacas ; Vice-Présidente Trésorière : Mme Lion ; Secrétaire : Mlle de Malet.

Section des Dames. — Présidente : Mme Charles Hébert ; Trésorières : Mme Fourquemin et Mme de Luzan ; Secrétaires : Mlle de Montgermont et Mme Duhamel.

L'Œuvre générale des Patronages, dans laquelle est venue se fondre en octobre 1906 la florissante Œuvre de Sainte-Clotilde, s'est constituée à Paris, en 1851, quatre ans après la création des premiers Patronages de Jeunes Filles.

Son centre est l'Archevêché. Plus de deux cents Patronages du diocèse en font partie. Elle en a fondé un grand nombre ; elle unit et soutient les autres, et offre à tous les faveurs spirituelles de l'Archiconfrérie de Notre-Dame Auxiliatrice de Drancy. Elle assure la vie matérielle des uns en leur constituant des comités dont elle recrute les membres ; elle procure à d'autres des Directrices et auxiliaires dévouées ; à beaucoup elle fournit des ressources pécuniaires soit par des allocations, soit au moyen d'une loterie annuelle, soit par deux ventes où les Patronages de l'Œuvre peuvent avoir leurs comptoirs.

Par ses sociétés immobilières elle aide à la construction des locaux.

L'Œuvre générale comprend deux sections : la section des Patronages dirigés par les Sœurs et celle des Patronages dirigés par les Dames.

Dans les réunions qui ont lieu plusieurs fois par an, elle groupe les Directrices et leur fournit les indications techniques utiles au fonctionnement de leur Patronage. Dans ce même but l'Œuvre fait paraître tous les trois mois le *Bulletin de Notre-Dame Auxiliatrice et de Sainte-Clotilde* qui tient au courant de tout ce qui concerne l'Œuvre.

L'Œuvre générale distribue aux Patronages pauvres des vêtements confectionnés dans ses ouvroirs.

Elle a fondé l'Œuvre diocésaine des Bonnes Vacances, pour envoyer à la mer ou à la campagne les enfants des écoles et les jeunes ouvrières anémiées. Au moral et au physique ces vacances chrétiennes donnent d'excellents résultats.

Afin de récompenser les jeunes filles fidèles à leur Patronage, l'Œuvre générale décerne chaque année des prix de dix ans et des médailles de quinze ans de persévérance. Elle reçoit dans l'Association du Bon-Conseil l'élite des Enfants de Marie des Patronages, afin de développer leur esprit d'apostolat et d'en faire les auxiliaires des Directrices.

Pour les enfants malades, l'Œuvre générale a la maison de convalescence de Drancy, et de plus quelques lits à l'hôpital Saint-Joseph.

Une récente organisation permet d'assurer très rapidement la visite des enfants des Patronages en traitement dans les hôpitaux (1).

Une création nouvelle de l'Œuvre, destinée à

(1) Les directrices de Patronages trouveront au secrétariat des cartes imprimées, à cet effet ; il leur suffira, quand elles auront une enfant à faire visiter, de remplir cette carte et de l'adresser à la comtesse de Béarn, 15, rue François Iᵉʳ.

rendre de grands services, est celle d'une bibliothèque circulante (1), composée de livres choisis pour les Patronages qui n'ont pas leur bibliothèque particulière, ou ne peuvent la renouveler autant qu'il le faudrait.

Pour assurer le placement des enfants de ses Patronages dans de bons ateliers, l'Œuvre générale a une branche particulière : l'Œuvre des Patronnes chrétiennes qui groupe les maîtresses d'ateliers honnêtes, chrétiennes, consciencieuses, et leur confie l'apprentissage des jeunes filles. 410 patronnes chrétiennes font partie de cette Œuvre.

Dans le but de développer chez les enfants une foi éclairée et une piété intelligente, l'Œuvre générale a les examens, pour l'obtention des diplômes d'instruction religieuse, institués par notre vénéré Cardinal Richard, et dont M. le chanoine Roland-Gosselin a la direction. Ces examens se passent au mois de juillet, et on trouve au secrétariat tous les renseignements qui les concernent.

Moyens divers de participer à l'Œuvre.

1° Concours personnel de quelques heures par

(1) Ces livres soigneusement lus par nous-mêmes ont toujours un but moral ou chrétien. Nous en avons soigneusement écarté les livres creux et dénués de toute idée religieuse, ainsi que tous ceux qui auraient une teinte exaltée ou renfermeraient des détails inutiles à une jeune fille.

semaine, le jeudi ou le dimanche ; s'adresser au secrétariat, 17, rue Hamelin.

2° Visites aux pauvres familles se rattachant au Patronage.

3° Travail à l'ouvroir, 8, rue Cimarosa, le vendredi de 2 heures à 4 heures, ou confection chez soi de vêtements pour les enfants du Patronage ; prière de les envoyer avant le 1er novembre ; s'adresser à Mme Bonneau, 8, rue Cimarosa.

4° Conférences populaires faites aux parents des enfants.

5° Envoi de bons livres ou de dons en argent pour la bibliothèque circulante des Patronages. Les adresser à Mlle du Vignaux, 17, rue Hamelin.

6° Souscriptions pour les bonnes vacances des enfants et jeunes filles, aux bords de la mer ou à la campagne : 25 francs pour quinze jours, 35 francs pour trois semaines, 45 francs pour un mois, voyages compris. S'adresser le samedi matin, de 9 à 11 heures, à Mme Duhamel, secrétaire, 17, rue Hamelin.

7° Offrandes, dons, annuités, participations aux ventes et quêtes. Souscriptions d'actions, d'un rapport sûr, pour l'achat des terrains ou les constructions destinés aux Patronages. S'adresser au secrétariat.

8° Visites chez les patronnes chrétiennes. (S'adresser pour les renseignements sur cette œuvre, à Mlle d'Hérouville, 42, boulevard du Montparnasse, le mercredi, dans l'après-midi.)

9° Abonnement au Bulletin de l'Œuvre, comprenant les divers sujets intéressant une personne d'œuvre : 3 francs par an, 17, rue Hamelin, 4 francs avec le supplément technique.

10° Assistance aux conférences pour les Patronages, qui ont lieu dans la chapelle des catéchismes de Saint-Augustin.

Pour tous renseignements concernant l'organisation et la création des Patronages dans Paris, s'adresser aux Secrétaires de l'Œuvre, 17, rue Hamelin. Il sera répondu de suite à toutes lettres et demandes.

Le Secrétariat est ouvert, 17, rue Hamelin :

Pour les Patronages de Sœurs : le jeudi de 2 h.1/2 à 4 heures; s'adresser à Mlle Anne de Malet.

Pour les Patronages de Dames : le mardi de 2 heures à 4 heures (excepté le 1er mardi), s'adresser à Mme Duhamel ou à Mlle de Montgermont.

Mme Duhamel reçoit, de plus, le samedi de 9 heures à 11 heures.

Organisation de l'Œuvre générale des Patronages en Province.

1° En province, les patronages relèvent directement des comités diocésains créés avec autorisation de l'Ordinaire.

2° Le comité diocésain est dirigé par un prêtre-directeur nommé par Mgr l'Évêque, assisté d'un conseil de dames.

3° Le conseil des dames comprend : La présidente, la vice-présidente, la secrétaire, la trésorière et plusieurs conseillères.

4° Chaque comité diocésain peut avoir ses statuts propres, et a son entière autonomie ; il peut grouper tous les patronages du diocèse sous sa seule juridiction.

5° Dès qu'un comité diocésain est créé, le Secrétariat central de Paris n'est plus en rapport direct avec les patronages particuliers du diocèse, mais seulement avec le bureau diocésain, au cas où celui-ci aurait besoin d'avoir recours à lui.

6° Le bureau diocésain s'occupe de la direction des patronages relevant de lui, il visite les patronages et se met en rapport actif avec les directrices, il accueille les personnes qui désirent être dames auxiliaires et leur indique les patronages où elles peuvent se dévouer le plus utilement.

7° L'Union des comités diocésains avec l'Œuvre générale des Patronages s'opère :

I. Par l'affiliation à l'Archiconfrérie qui leur donne droit aux nombreuses indulgences ;

II. Par la présence de la présidente diocésaine ou de sa déléguée à la réunion plénière annuelle des présidentes, formant le grand conseil de l'Œuvre, réunion composée seulement des présidentes diocésaines de tous les diocèses affiliés à l'Œuvre. En cas d'empêchement la présidente diocésaine peut se faire remplacer par une présidente d'un patronage de son diocèse, celle-ci à titre de déléguée.

Œuvres adjacentes.

Tout se tient et s'enchaîne dans le bien comme dans le mal. Lorsqu'on s'occupe de la jeunesse mille questions se présentent aussitôt.

Quand la petite écolière sera d'âge à entrer en apprentissage, qui soutiendra sa foi et son innocence ? A cette question l'on a répondu en fondant, en juin 1900, l'Œuvre des Patronnes chrétiennes, qui a donné déjà à Paris d'excellents résultats et pourrait s'établir aisément en province où l'on se connaît mieux.

La jeune ouvrière anémiée par le surmenage et toujours enfermée dans des ateliers, a besoin de grand air, et l'on a fondé l'Œuvre des vacances.

La jeune fille ne savait que répondre aux objections qui pleuvaient autour d'elle ? On a organisé les examens d'instruction religieuse, qui stimulent les enfants à perfectionner leur instruction religieuse.

La pieuse Enfant de Marie voulait exercer l'apostolat autour d'elle : on a établi l'Association de Notre-Dame du Bon-Conseil.

La jeune fille est malade ! Qui s'en occupera ? qui la visitera régulièrement dans les hôpitaux laïques on l'on pénètre difficilement ? Sa Directrice a elle-même si peu de temps ! alors l'Œuvre des hôpitaux se chargera de les visiter par l'intermédiaire de l'Œuvre générale des Patronages.

Quand l'enfant arrivera à l'âge de fixer son avenir, quelles seront ses ressources, ses maigres économies lui permettront-elles de réaliser une petite mise en ménage convenable ? et l'on a fondé l'Union mutualiste.

La jeune fille part pour l'Angleterre ou l'Allemagne, afin d'y apprendre des langues qui faciliteront son placement dans une maison de commerce. Qui veillera sur elle en pays étranger ?

L'Œuvre de la Protection de la jeune fille, dont le berceau est en Suisse, à Fribourg, mais dont les maisons d'accueil sont répandues partout, s'occupera avec sollicitude de la brebis exilée.

Nous pensons donc rendre service aux Directrices des œuvres de jeunesse, en insérant ici quelques lignes sur l'Œuvre des Patronnes chrétiennes, l'Œuvre des Bonnes Vacances, les Examens religieux, l'Association de Notre-Dame du Bon-Conseil, l'Œuvre des Catéchismes, l'Œuvre de Protection de la jeune fille, les Syndicats de la rue de l'Abbaye et l'Union mutualiste.

Œuvre des Patronnes Chrétiennes.

Fondée au mois de juin 1900, cette Œuvre, qui compte aujourd'hui plus de quatre cents adhérentes, a pour but de procurer aux chefs d'ateliers des ouvrières ou des apprenties laborieuses et de bonne conduite, et aux jeunes filles des Patronages, des places dans des maisons honnêtes et sérieuses.

L'Œuvre demande à ses adhérentes :

1° De ne jamais faire travailler le dimanche, sauf les cas d'absolue nécessité, et de laisser le temps d'assister à la Messe, sur celui qu'elles exigent, quand on sera obligé de travailler.

2° De faire faire peu de courses aux apprenties, et de ne pas les employer au ménage, sans une convention spéciale, qui est ordinairement de donner le déjeuner de midi ;

3° De renvoyer les apprenties toujours à la même heure, à moins d'avoir prévenu les parents par écrit ;

4° De surveiller les conversations ;

5° De demander *d'abord* à l'Œuvre des Patronnes des apprenties et des ouvrières, avant d'en chercher ailleurs.

L'Œuvre fait paraître, toutes les semaines, une feuille spéciale qui indique les Maisons ayant besoin d'apprenties et d'ouvrières. Cette feuille est affi-

chée chaque dimanche dans les Œuvres ouvrières.
— Pour que la demande paraisse le dimanche, il faut qu'elle soit remise, le mardi matin au plus tard, au siège de l'Œuvre, 42, boulevard Montparnasse, à Mlle d'Hérouville, Directrice de l'Œuvre des Patronnes Chrétiennes, ou chez Mme Sohier, 34, avenue de Messine (8ᵉ arrondissement).

Les apprenties sont l'objet d'une surveillance particulière. Tous les deux mois, une dame, membre du Comité de l'Œuvre, s'assurera que les patronnes sont satisfaites de leur application et de leur conduite ; une récompense spéciale sera donnée, deux fois par an, aux apprenties et petites mains ayant mérité de bonnes notes pendant au moins une année de séjour dans la même maison. Un diplôme est accordé aux ouvrières qui ont travaillé 5 et 10 ans dans la même maison.

Une cotisation annuelle de 2 francs est demandée aux Patronnes désirant faire partie de l'Œuvre.

Les jeunes filles, envoyées par l'Œuvre, doivent se présenter munies de la carte d'une Directrice de Patronage.

Une maison de vacances et de retraite installée : Château de Fontaine, par Nonancourt (Eure), offre toute l'année, aux patronnes ou aux ouvrières, quelques jours de repos, à des conditions très avantageuses.

L'Œuvre diocésaine des Bonnes Vacances.

17, RUE HAMELIN

But. — Reposer et fortifier les enfants des écoles et les jeunes ouvrières, anémiées par un travail quotidien, en leur procurant quelques semaines de vacances, soit à la campagne, soit à la mer, tout en donnant aux familles toute garantie au point de vue moral et religieux.

Pour cela : Envoyer avant le 1er juillet, à la Secrétaire de l'Œuvre, Mme Georges Duhamel, 17, rue Hamelin :

25 francs par enfant pour quinze jours de vacances.
35 — — — trois semaines —
45 — — — un mois —

Comité d'organisation.

Président : M. l'abbé Odelin, vicaire général.

Directeur : M. l'abbé Lenfant, curé de Saint-Antoine.

Membres du Comité.

Comtesse B. de Blacas, Présidente générale de l'Œuvre des Patronages.

Mme Ch. Hébert, Présidente de l'Œuvre des Patronages.

Mme Duhamel, secrétaire.

Mme Edmond Archdeacon ; Mme Crombez ; Vicomtesse d'Hautpoul ; Mme de Luzan ; Marquise d'Oilliamson ; Marquise de Pomereu ; Mme Poudavigne ; Comtesse Yvert.

S'adresser pour tout renseignement, le samedi de 9 à 11 heures, 17, rue Hamelin.

Examens et Concours d'Instruction Religieuse.

Les examens et concours d'instruction religieuse organisés par l'Archevêché, pour les jeunes filles des Patronages, ont lieu chaque année au mois de juillet (1).

Les examens du *degré élémentaire* ou *premier degré* ne peuvent être subis qu'un an après la première communion.

L'examen du degré élémentaire comprend :

1° des questions d'histoire sainte ;
2° des questions sur la Vie de Notre-Seigneur Jésus-Christ ;
3° la lettre du grand catéchisme du diocèse de Paris ;
4° le sens ou explication des différentes réponses de ce catéchisme.

Les examens du *degré supérieur* ou *deuxième degré* ne peuvent être subis qu'un an après l'ob-

(1) On passait jadis ces examens au couvent du Sacré-Cœur. Mais à présent, dans l'impossibilité de trouver un local pouvant contenir toutes les candidates, on organise dans divers patronages des centres où les enfants des quartiers avoisinants viennent passer l'examen.

tention du certificat élémentaire d'instruction religieuse.

L'examen du *degré supérieur* comprend :

1° des questions d'histoire sainte ;
2° des questions sur la Vie de Notre-Seigneur Jésus-Christ ;
3° la lettre du grand catéchisme du diocèse de Paris ;
4° le sens ou explication des différentes réponses de ce catéchisme ;
5° des questions sur l'histoire de l'Église ;
6° des questions sur les cérémonies et les fêtes de l'Église (Liturgie).

Les examens du premier et du deuxième degré comprennent des épreuves écrites, conformément aux programmes édités par l'Archevêché et délivrés au secrétariat de la rue Hamelin.

Les enfants qui ont obtenu le certificat du degré supérieur sont aptes à se présenter au *Concours d'instruction religieuse*.

Le concours ne comporte que des épreuves écrites. Le programme du concours est publié, chaque année, par les soins de l'Œuvre générale.

Le concours comprend trois sections :

1° Une section pour les jeunes filles qui n'ont jamais concouru ou qui n'ont pas obtenu de prix ;

2° Une seconde section pour les jeunes filles qui ont obtenu des prix au concours de la première section ;

3° Une troisième section pour les jeunes filles qui, ayant obtenu des prix au concours de la seconde section, sont classées « hors concours ».

N. B. A partir de vingt et un ans, les jeunes filles ne sont plus admises à concourir.

Adresser toutes les communications à Monsieur le Directeur des examens d'instruction religieuse, à l'Archevêché, 50, rue de Bourgogne.

Les réponses sommaires aux différentes questions du Programme sont indiquées dans les manuels suivants qui pourront servir aux candidats pour repasser leur examen :

1° *Petite Histoire sainte;*

2° *Petite Vie de Notre-Seigneur Jésus-Christ*, illustrée, composée d'après les quatre Évangélistes ;

3° *Petite Histoire de l'Église,* illustrée ;

4° *Petit Manuel de Liturgie.*

Ces quatre petits volumes in-32 sont édités par la maison Wattelier, 5, rue du Cherche-Midi, Paris, chacun coûte 0 fr. 20.

L'Œuvre générale des Patronages vient en outre de publier la réponse au questionnaire de l'Archevêché, *Histoire sainte* et *Vie de Notre-Seigneur Jésus-Christ,* 0 fr. 25.

Pour le Concours plus détaillé, on peut se servir de *Histoire de la Religion*, de Mgr Cauly, comprenant l'Histoire sainte, la Vie de Jésus-Christ et l'Histoire de l'Église ; de l'*Histoire sainte* de M. l'abbé Lesêtre ; du *Catéchisme liturgique* de Dutilliet et du *Guide pour l'explication du Catéchisme* de l'abbé Gayrard.

Association de Notre-Dame du Bon Conseil.

Chaque Patronage, comme nous l'avons vu, a ses associations pieuses : congrégation des Saints Anges, confrérie d'Enfants de Marie. Mais l'Œuvre générale, soucieuse, comme l'Eglise, de répondre à toutes les vocations, offre un nouvel aliment à la piété communicative, au zèle apostolique de certaines jeunes filles d'élite, par l'Association de Notre-Dame du Bon Conseil. Le Bon Conseil réunit ces jeunes filles sous la protection de la Sainte Vierge pour en faire les auxiliaires de leurs Directrices, dans l'apostolat auprès de leurs compagnes plus jeunes, et dans les œuvres de charité.

L'Association du Bon Conseil fut fondée le 26 avril 1853 par Mgr de La Bouillerie, alors vicaire général de Paris et Directeur de l'Œuvre des Patronages. Le Bon Conseil n'est qu'une élite d'apôtres ; cette association est donc absolument distincte des confréries d'Enfants de Marie, bien qu'elle puisse, à la rigueur, en tenir lieu, étant affiliée à la *Prima Primaria* de Rome. Mais, pour en être membre, il faut un degré de vertu de plus, et beaucoup d'enfants, même pieuses, ne peuvent y prétendre. N'est pas apôtre qui veut : c'est une vocation spéciale, et le *Bon Conseil ne doit renfer-*

mer que des apôtres. Ainsi que le disait M. le Vicaire Général Odelin, dans une réunion : « On est Enfant de Marie pour soi, on est du Bon Conseil pour les autres. »

Les réunions du Bon Conseil, qui groupent l'élite des Patronages de toutes les paroisses de Paris et de la banlieue, stimulent le zèle de ces ferventes jeunes filles, les encourageant, non seulement par les excellentes instructions qu'elles y reçoivent, mais encore par le sentiment de solidarité qu'elles éprouvent en se retrouvant toutes, — de si loin pour certaines, — rassemblées dans le même but.

Tous les Patronages se félicitent de cette affiliation au Bon Conseil qui leur apporte tant d'avantages.

On peut demander le règlement soit au Secrétariat, soit à Mlle Leneuf, Secrétaire de l'Association du Bon Conseil, 1, rue Martignac.

Malades.

Si l'on peut faire entrer la jeune fille à l'hôpital Saint-Joseph, 7, rue Pierre Larousse, (s'adresser à la sœur Supérieure), elle y sera admirablement soignée.

Au cas où il n'y aurait plus de places à Saint-Joseph, et où on serait obligé de recourir aux hôpitaux laïques, les Directrices n'auront qu'à remplir une de nos cartes imprimées (ces cartes se trouvent aux Secrétariats) et à l'envoyer à la comtesse C. de Béarn, 15, rue François Ier, qui se chargera de la faire visiter.

Archiconfrérie
de l'Œuvre des Catéchismes

SECRÉTARIAT GÉNÉRAL, 19, RUE DE VARENNE

L'éminent recteur de l'Institut catholique, Mgr d'Hulst, premier président de l'Œuvre des catéchismes, écrivait, le 10 mars 1886, au moment de la constitution de la mission de catéchiste en œuvre diocésaine, les lignes ci-dessous :

Une œuvre spéciale est devenue nécessaire depuis que l'enseignement de la religion est interdit dans les écoles publiques. Les parents indifférents ou absorbés par les soucis du travail quotidien ne peuvent pas donner eux-mêmes à leurs enfants l'instruction religieuse que ceux-ci ne trouvent plus à l'école. Les prêtres des paroisses ont mille peines pour découvrir les enfants qui sont en âge d'aller au catéchisme ; et ceux qu'ils peuvent réunir leur arrivent étrangers aux premiers éléments de la doctrine, ne sachant même pas faire le signe de la croix.

Pour remédier à un si grand mal, on a fait

appel au concours des femmes chrétiennes, qui trouvent dans l'ardeur de leur foi l'inspiration de ce dévouement, et dans les délicatesses de leur cœur, le secret de le faire accepter des enfants et des parents.

Le rôle des dames catéchistes est multiple.

Elles apprennent aux élèves des écoles laïques la lettre du catéchisme, les prières, les premières notions de la doctrine chrétienne.

Elles travaillent au recrutement des enfants qui, n'étant plus envoyés par les maîtres et les maîtresses, ne viennent pas au catéchisme, à moins qu'on ne les y amène, et elles assurent, par des visites à domicile, l'assiduité de ceux qui sont déjà inscrits.

Enfin, elles s'occupent des petits enfants de six à dix ans qui n'ont pas encore l'âge du catéchisme et leur donnent cette première initiation religieuse sans laquelle la parole du prêtre peut difficilement pénétrer les âmes. Ces dames gardent aussi les enfants pendant les retraites de Première Communion et continuent ensuite leur patronage en veillant à leur persévérance dans la pratique des sacrements par tous les moyens possibles (lettres au moment des fêtes, visites, etc.).

L'œuvre des catéchismes, fondée sous le haut patronage et sous la présidence d'honneur de S. Ém. le Cardinal-Archevêque de Paris, a son siège établi dans la chapelle des Carmes, 70, rue de Vaugirard, et son secrétariat, où se trouve toute la direction, 19, rue de Varenne, où l'on s'adresse pour tous les renseignements. Elle est administrée par un Conseil de dames, dans lequel l'autorité diocésaine est représentée par M. l'abbé Odelin, vicaire général, président de l'œuvre, et M. l'abbé Martin de Gibergues, supérieur des missionnaires diocésains, directeur (1).

Les dames qui en font partie sont catéchistes ou zélatrices. Les dames *catéchistes* sont réparties entre les différentes paroisses où l'œuvre est établie ; elles s'occupent du recrutement, de la visite et de l'instruction des enfants.

Les dames *zélatrices* contribuent à l'entretien de l'œuvre, en payant une cotisation annuelle de 10 francs, qui sert à distribuer des récompenses aux enfants à titre d'encouragement ; elles contribuent à sa diffusion en recrutant des dames catéchistes.

La même personne peut être à la fois *catéchiste* et *zélatrice*.

Pour chaque paroisse où l'œuvre est établie, il y a une ou plusieurs dames responsables, chargées de répartir le travail entre les dames catéchistes, et de servir de lien entre elles et le Conseil de l'œuvre.

On s'inscrit comme dame zélatrice ou catéchiste

---

(1) M. l'abbé Roland-Gosselin, chanoine honoraire, *sous-directeur*.

au secrétariat, 19, rue de Varenne. Cette inscription est *absolument nécessaire pour gagner les indulgences accordées à l'Œuvre*. Les dames responsables sont chargées de faire inscrire sur les registres de l'Archiconfrérie les dames catéchistes, leurs collaboratrices.

C'est là aussi que les dames responsables reçoivent gratuitement les objets destinés aux récompenses pour les enfants, et que les dames catéchistes, ou celles qui désirent l'être, viennent s'informer des besoins des différentes paroisses et s'inscrire pour l'une d'elles.

Par un Bref daté du 30 mai 1893, Léon XIII a érigé l'œuvre des catéchismes en archiconfrérie pour toute la France, et lui a accordé de nouvelles indulgences. En vertu de ce Bref, les œuvres de France, canoniquement érigées sous le même titre, peuvent se faire affilier à l'archiconfrérie de Paris. Elles doivent à cet effet adresser une demande écrite revêtue de l'autorisation de leur évêque, au président ou au directeur de l'œuvre, 19, rue de Varenne, Paris-VIIe.

Cette affiliation communique par elle-même aux confréries affiliées les privilèges et indulgences déjà concédés par le Souverain Pontife à l'œuvre de Paris. L'affiliation peut être aussi individuelle comme dans toutes les Archiconfréries. (Demander pour les conditions d'affiliation la feuille qui les indique en détail.)

Les confréries de catéchismes affiliées à l'Archiconfrérie de Paris se sont répandues actuellement dans le plus grand nombre des diocèses de France, afin de répondre au désir de S. S. Pie X, qui, dans un bref daté du 29 novembre 1905, renouvelant tous les privilèges accordés à l'Archiconfrérie par S. S. Léon XIII, et en donnant de plus grands encore, proclamait ceci : « En sorte que tous les membres inscrits dans l'association seront réputés avoir satisfait entièrement aux prescriptions de la lettre encyclique *Acerbo nimis* du 15 août 1905. »

Pour toute la correspondance et tous les renseignements, s'adresser à la Secrétaire générale de l'œuvre, 19, rue de Varenne.

N. B. — De petites brochures dites « Conseils aux dames catéchistes » se trouvent au secrétariat.

Indulgences accordées par S. S. Léon XIII
A L'ARCHICONFRÉRIE DE L'ŒUVRE
DES CATÉCHISMES DE PARIS

Quatre indulgences plénières aux associés qui feront habituellement le catéchisme une fois par semaine, pendant quatre mois, savoir :

Le 28 décembre, fête des Saints Innocents ; le 21 janvier, fête de sainte Agnès ; le 1er mercredi de mars, en l'honneur de saint Joseph ; le 1er mercredi de mai, en l'honneur de la Sainte Vierge.

Une indulgence plénière une fois par an, aux enfants, le jour de leur Première Communion, et aux catéchistes qui communient avec eux ce jour-là.

Une indulgence de 7 ans aux associés une fois par mois, à la condition d'avoir enseigné le catéchisme aux enfants au moins deux fois dans ce mois.

Deux nouvelles indulgences plénières ont été accordées, l'une pour le jour de l'admission dans l'Archiconfrérie, l'autre à l'article de la mort. (Bref de S. S. Léon XIII, 4 août 1903.)

Toutes ces indulgences sont applicables aux âmes du Purgatoire.

Indulgences anciennement accordées
AUX CATÉCHISTES VOLONTAIRES

Paul V, Bref, 6 octobre 1607. — Aux maîtres qui conduiront leurs élèves au catéchisme et le leur enseigneront, 7 ans. — Aux maîtres qui expliqueront la doctrine chrétienne dans leurs écoles pendant la semaine, 100 jours. — Aux parents qui l'enseigneront à leurs enfants et serviteurs, 100 jours chaque fois. — A tous les fidèles qui, pendant une demi-heure, réciteront le catéchisme pour l'enseigner ou pour l'apprendre eux-mêmes, 100 jours.

Clément XII, Bref, 16 mai 1736. — A tous les

adultes, chaque fois que, s'étant confessés et ayant communié, ils assisteront dévotement au catéchisme enseigné aux enfants dans les églises ou chapelles, 7 ans et 7 quarantaines. — A tous les adultes qui assisteront assidûment à cet exercice pour apprendre ou pour enseigner la doctrine chrétienne, indulgence plénière à Noël, Pâques et la Saint-Pierre, aux conditions ordinaires.

Pie IX, Rescrit, 18 juillet 1877. — Aux fidèles de tout âge qui fréquentent ordinairement l'exercice du catéchisme, 3 ans à chaque fête de la Sainte Vierge, s'ils se sont confessés ; 7 ans s'ils communient.

300 jours d'indulgence sont accordés par S. S. Pie X chaque fois que les membres de l'Œuvre réciteront cette invocation : O Jésus, qui avez aimé les enfants, conservez-les ainsi que leurs familles dans la foi et dans la charité.

Notice sur le Syndicat des Ouvrières de l'Habillement, fondé en 1902.

SIÈGE SOCIAL : 5, RUE DE L'ABBAYE, PARIS (VI° ARR¹)

COTISATION ANNUELLE : 6 FR. (PAYABLE EN 2 SEMESTRES)
REMBOURSÉE PAR LES ESCOMPTES DE LA COOPÉRATION

Le Syndicat des Ouvrières de l'Habillement, fondé en 1902, est une association professionnelle constituée conformément aux dispositions de la loi du 21 mars 1884; il a pour but d'unir, sur le terrain de leurs intérêts professionnels, les Ouvrières de l'Habillement.

Pour réaliser l'aide mutuelle qu'il se propose, le Syndicat agit au triple point de vue professionnel, économique et social.

Action professionnelle.

Service du Placement. — Par ce service, le Syndicat procure à celles de ses associées qui sont sans place, ou qui désirent améliorer leur situation, des emplois dans les maisons ou les ateliers sérieux avec lesquels il est en relations.

Service des Cours professionnels. — Des cours professionnels, conférences, etc., sont organisés par les soins du Syndicat.

Groupements professionnels. — Les associées, par un échange de vues et de renseignements, peuvent se rendre utiles les unes aux autres; leurs relations se créent au moyen de réunions périodiques, dans lesquelles les syndiquées traitent les questions professionnelles qui les intéressent.

Action économique.

Service de la Coopération. — Par ce service, les syndiquées obtiennent sur leurs achats dans les maisons qui ont un traité avec le Syndicat, pour elles et pour leurs familles, des escomptes qui représentent une sensible diminution sur leurs dépenses.

Les syndiquées, en payant leurs achats chez les fournisseurs du Syndicat, demandent une facture acquittée. Les factures sont présentées aux fournisseurs par l'Administration syndicale, qui rembourse ensuite aux sociétaires les escomptes afférents à leurs achats.

Le Syndicat organise également des achats en gros, et obtient ainsi des prix très inférieurs à ceux du détail.

Des essais ont été tentés avec succès pour le charbon, les pommes de terre, le vin, etc.

Le bénéfice résultant de ce service peut s'élever à plus de 100 francs par an pour une famille.

Service du Secours Mutuel. — Une société de Secours Mutuels, fondée spécialement en faveur des syndiquées, leur assure, en cas de maladie, les soins du médecin, les médicaments et une indemnité journalière. En outre, les associées ont droit pour la vieillesse ou pour le cas d'infirmités, à une pension de retraite.

Action sociale.

Commission d'études. — L'objet de cette commission est d'initier les associées aux questions économiques et sociales relatives au travail des femmes, et de leur permettre de rechercher les moyens sociaux d'améliorer le sort des femmes qui travaillent.

Journal. — Un bulletin périodique, organe du Syndicat, fait connaître aux associées toutes les nouvelles qui peuvent intéresser la corporation.

Statuts.

Chapitre I. — *Objet. Siège social.*

Article premier. — Il est formé entre les ouvrières de l'habillement qui adhèrent aux présents statuts, une association professionnelle basée sur la loi du 21 mars 1884.

Art. 2. — Cette association a pour but :

1° L'étude et la défense des intérêts professionnels et économiques des membres du syndicat.

2° La création d'institutions d'assistance mutuelle et de prévoyance.

Art. 3. — L'association prend le nom de *Syndicat des ouvrières de l'Habillement.*

Art. 4. — Le siège social est établi à Paris, 5, rue de l'Abbaye. Il pourra être établi en tout autre lieu par délibération du conseil syndical. Des sections, reliées au siège social, pourront être créées suivant les nécessités.

Chapitre II. — *Admissions, démissions, radiations.*

Art. 5. — Pour faire partie du syndicat, il faut :

1° Etre ouvrière de l'habillement ;

2° Etre âgée d'au moins 16 ans ;

3° Adhérer aux présents statuts et se conformer aux règlements du syndicat.

4° Etre présentée par 2 membres du syndicat et admise par le conseil.

5° Payer un droit d'entrée de 1 franc.

Art. 6. — Une condamnation entachant l'honorabilité, le défaut de paiement des cotisations, l'abus du titre de membre du syndicat, un manquement grave au règlement du syndicat, sont des motifs d'exclusion, laquelle sera prononcée par le conseil syndical.

Art. 7. — Par sa retraite survenant par démission ou exclusion, le membre du syndicat perd tous les droits qu'il pourrait avoir sur les biens formant l'actif du syndicat.

Art. 8. — Les membres du syndicat devront payer tous les ans à l'avance, entre les mains de la trésorière du syndicat, la somme de 6 francs.

CHAPITRE III. — *Organisation intérieure: Conseil syndical.*

Art. 9. — Le syndicat est dirigé par un conseil syndical élu dans son sein et composé de 5 à 21 membres.

Art. 10. — Le conseil syndical est dirigé par un

bureau composé de : une présidente, une ou plusieurs vice-présidentes, une ou plusieurs secrétaires, une ou plusieurs trésorières, choisies dans son sein et nommées par lui, à la majorité des membres présents.

Art. 11. — Le conseil syndical se renouvelle par tiers chaque année. Les membres du bureau sont nommés pour un an. Ils sont rééligibles.

Art. 12. — Ne pourront être électeurs et éligibles que les syndiquées admises depuis une année au moins.

Art. 13. — Le conseil syndical représente l'association ; il est l'organe de ses décisions en ce qui concerne son organisation intérieure et ses intérêts professionnels, et il pourvoit à leur exécution sous sa propre responsabilité.

Le conseil syndical ne peut délibérer valablement qu'en présence d'au moins la moitié de ses membres.

Art. 14. — Le conseil syndical se réunit tous les deux mois au moins et chaque fois qu'il y a utilité, sur la convocation de la présidente. Il devra convoquer au moins une fois par an le syndicat en assemblée générale pour lui soumettre ses travaux et s'inspirer de ses vœux.

Art. 15. — Toutes modifications aux présents statuts ne pourront être faites que par une décision prise par le conseil syndical et approuvée par l'assemblée générale.

Art. 16. — Le syndicat pourra, par simple décision du conseil syndical, être uni à un ou plusieurs autres syndicats pour former une union, ou s'agréger à une union de syndicats préexistante. Le conseil syndical a pleins pouvoirs pour faire, à cet effet, toutes les démarches nécessaires.

Art. 17. — L'association professionnelle étant revêtue de la personnalité civile, en vertu de l'article 6 de la loi organique du 21 mars 1884, pourra faire libre emploi de ses ressources, acquérir et posséder dans les limites de cette loi, prêter, emprunter, ester en justice et faire tous autres actes de personne juridique. Ces divers actes seront délibérés et votés par le conseil syndical, lequel sera représenté soit dans leur réalisation, soit en justice, par la présidente, ou à son défaut par l'une des vice-présidentes ou encore par tel autre de ses membres délégué à cet effet.

Art. 18. — Les membres du syndicat font élection de domicile à Paris en ce qui concerne toute question relative aux statuts.

Le même syndicat existe pour les dames employées du commerce et de l'industrie. — Même adresse et mêmes statuts.

Union Mutualiste des Françaises.

ASSOCIATION DÉCLARÉE (LOI DU 1ᵉʳ JUILLET 1901).
FONDÉE LE 3 FÉVRIER 1902
1, BOULEVARD DE LA TOUR-MAUBOURG, PARIS, VIIᵉ.

Présidente : Mme la comtesse de Kersaint.
Vice-présidente : Mme Goyau.
Secrétaire : Mme Kergall.
Trésorière : Mme Pepin-Lehalleur.
Conseillères : Mme W. Bazin, Mme Bertrand, Mme la baronne G. de Boury, Mme Buloz, Mme la comtesse A. de La Rochefoucauld, Mme Launey.

But et organisation.

Les Sociétés de Secours mutuels sont des associations de travailleurs, qui ont pour but principal de garantir leurs membres participants et les familles de leurs sociétaires, contre les conséquences des aléas de la vie, l'invalidité, la vieillesse, la mort. Elles sont soumises à une loi spéciale, celle du 1ᵉʳ avril 1898.

Pour beaucoup de travailleurs, l'incertitude de l'avenir, au point de vue matériel, est une menace pleine de tristes conséquences. On peut y voir une des causes de la crise sociale que nous traversons.

Les Sociétés de Secours mutuels, dont le rôle

est d'atténuer cette incertitude, sont donc de puissants auxiliaires d'amélioration et d'apaisement.

Elles sont établies sur deux grands principes :

L'un est moral : c'est l'aide mutuelle qui n'est pas autre chose que l'application de l'immortelle maxime : « Aimez-vous les uns les autres. »

L'autre est social. C'est l'effort individuel représenté par la cotisation obligatoirement demandée aux mutualistes dans chaque Société. L'esprit d'initiative et la conscience de la responsabilité se manifestent ainsi par des actes d'économie et de prévoyance.

Secourir la misère est bien, supprimer la misère serait mieux.

Les Sociétés de Secours mutuels cherchent à atteindre ce résultat au profit de leurs membres.

Ce sont ces œuvres que l'Union mutualiste des Françaises propage et organise en leur donnant pour fondement les assises mêmes des peuples : la Famille et la Profession.

L'Union mutualiste des Françaises n'est donc pas une Société de Secours mutuels par elle-même, mais une vaste association de personnes. Elle fait appel à toutes les bonnes volontés dont le devoir est de s'intéresser aux questions sociales.

Elle a pour but :

1° D'amener, sur le terrain de la mutualité, un

rapprochement entre les favorisés de la fortune et les travailleurs ;

2° De grouper les personnes soucieuses du bien social et désireuses d'en chercher une application par les principes mutualistes ;

3° De constituer des Sociétés de Secours mutuels en les envisageant de préférence comme des auxiliaires de l'organisation professionnelle et de l'organisation familiale ;

4° D'aider matériellement ces sociétés à se fonder et à produire des résultats pratiques ;

5° De donner à toutes personnes s'intéressant à ces questions des renseignements et des conseils utiles.

L'Union mutualiste tient gratuitement à la disposition de ses sociétaires les brochures suivantes :

Plan d'action mutualiste, notice.

Statuts de Sociétés à base familiale, professionnelle ou individualiste.

Statuts de Sociétés ayant pour but la constitution d'un *bien familial*.

L'Union mutualiste des Françaises, brochure de 35 pages.

La Mutualité familiale, conférence de M. E. Cheysson, de l'Institut.

La Mutualité professionnelle, conférence de M. le baron L. de Contenson.

La Mutualité à la campagne, conférence de M. de Gailhard-Bancel, député.

Les Retraites ouvrières et la solution des mutualistes, par M. Vermont, membre du Conseil supérieur de la Mutualité, etc., etc.

Son action se manifeste :

1° Par des causeries et des conférences dans les salons et dans les réunions ouvrières ;

2° Par des articles de journaux et par des brochures (statuts et études mutualistes diverses) ;

3° Par des subventions accordées aux Sociétés pour les cas de prolongation de secours, d'organisation des retraites, etc. ;

4° Par des prix remis aux Mutualités qui, à la suite de concours, en auraient été jugées dignes par la qualité de leur organisation, de leur fonctionnement ou des résultats obtenus ;

5° Par l'établissement de Comités locaux ou régionaux (1) ;

6° Par des consultations mutualistes accordées gratuitement par son Comité technique, composé d'hommes connus pour leur compétence et leur science du bien ;

7° Par tous autres moyens qui peuvent lui paraître susceptibles, soit d'amener à une action sociale réelle et efficace tant d'indifférences regret-

(1) Plusieurs sections régionales sont déjà constituées. Le Comité central mettra chaque initiative qui se présentera en rapport avec la section qui la concernera.

tables et tant de bonnes volontés qui s'égarent ou se trouvent isolées, soit d'encourager les travailleurs à devenir mutualistes ou à constituer des Sociétés prospères et bien administrées.

L'Union mutualiste des Françaises est composée :

1° De dames fondatrices, qui font un versement unique de 200 francs au moins et donnent une cotisation annuelle de 20 francs au minimum ;

2° De dames adhérentes, versant une cotisation annuelle et minima de 10 francs ;

3° De sociétaires de l'un ou l'autre sexe, qui payent une cotisation de 5 francs au moins et ont le titre de membres d'honneur ;

4° De membres correspondants, qui ne sont pas astreints au payement d'une cotisation (1).

L'Union mutualiste des Françaises a complété son œuvre et son organisation en établissant un lien entre les Sociétés de Secours mutuels fondées par elle ou qui ont eu recours à ses services. Cette nouvelle organisation distincte et autonome est :

L'Union centrale mutualiste.

L'Union centrale mutualiste est donc une Union de Sociétés de Secours mutuels ; elle est régie par

---

(1) Ces deux dernières catégories de sociétaires ne prennent pas part à l'administration.

la loi du 1ᵉʳ avril 1898. Peuvent y adhérer toutes les Mutualités qui font partie de la catégorie précédemment énoncée et toutes celles qui seront admises par la suite (1).

Elle accorde aux Sociétés adhérentes, non seulement un appui moral et une aide dans toutes les questions d'intérêt général, mais aussi des avantages pratiques, sous forme d'allocations de naissance, de veuvage et d'invalidité.

Elle représente un centre d'organisation et d'entente entre les Sociétés de Secours mutuels poursuivant un même idéal d'autonomie, de liberté et de réformes sociales.

L'Union centrale mutualiste a également son siège social, 1, boulevard de la Tour-Maubourg. La plupart des membres de son Conseil d'administration font aussi partie du Conseil et du Comité technique de l'Union mutualiste des Françaises.

Toute la correspondance relative à l'Union mutualiste des Françaises ou à l'Union centrale mutualiste doit être adressée à leurs Secré-

---

(1) Le rapport officiel, paru en 1906 et relevant les opérations des Sociétés de Secours mutuels pour l'exercice 1903, indique les chiffres suivants au 1ᵉʳ janvier 1904 : 16.278 Sociétés (elles seraient aujourd'hui 19.000), 3.132.861 membres, dont 396.364 membres honoraires et 2.737.497 membres participants ; dans ce dernier chiffre, les femmes figurent au nombre de 400.943. Il y a lieu d'observer que ces chiffres ont certainement augmenté dans le cours des années 1904 et 1905. L'avoir total des Sociétés serait en 1906 de 400 millions de francs environ.

tariats respectifs, 1, boulevard de la Tour-Maubourg, Paris, VIIe.

Association Catholique Internationale des Œuvres pour la protection de la Jeune Fille.

Cette association a pour but de protéger la jeune fille chez elle ; de la protéger quand elle sera obligée de quitter sa famille pour gagner sa vie, et de lui prêter l'appui moral et matériel dont elle pourrait avoir besoin. Pour cela :

1° L'association cherche à établir là où elles n'existent pas, des œuvres procurant : travail à domicile, placements, patronages, cours pratiques, mutualités, syndicats, missions des gares, lutte contre la traite des blanches, hospitalisation, maisons de secours de tout genre pour la maladie et la convalescence, rapatriement, relèvement moral, etc.

2° Elle fédère en vue d'une action commune, et de services réciproques (tout en laissant à chacune sa parfaite autonomie), toutes les institutions fonctionnant déjà dans ce but. L'Association étant internationale offre son secours aux isolées, dans toutes les contrées où les circonstances peuvent les obliger à voyager, et ceci par le fonctionnement naturel de son organisation qui repose sur la hiérarchie suivante :

a) Dans les villages, bourgs et petites villes, des *Correspondantes* donnent aux jeunes filles les adresses et renseignements nécessaires.

b) Dans les villes plus importantes, un *Comité local* assure le service d'un secrétariat, et, autant que possible, des œuvres citées plus haut.

c) Dans les grands centres, un *Comité régional* recrute les correspondantes, forme les comités locaux, et entre en rapport avec le bureau national.

Il y a en France, 16 comités régionaux.

d) Dans chaque pays, un *Comité national* (à Paris, 35, rue de Sèvres) centralise tous les renseignements, sert de lien entre les différents comités régionaux et demeure en communication directe avec le Bureau international.

e) Enfin à Fribourg (Suisse), 28, rue Romont, siège le *Comité international* ou fédération de tous les comités nationaux et de tous les collaborateurs disséminés dans les contrées où aucun centre n'est organisé.

Cette œuvre, tout en rendant service indistinctement aux jeunes filles de toute religion, affirme, par son titre même, son caractère catholique. Elle a adopté pour ses insignes et pour ses affiches les couleurs blanche et jaune, qui font connaître, dans les gares et tous les lieux publics, l'adresse des correspondantes, des secrétariats et des maisons d'accueil de l'Association.

La Protection vient d'organiser un bureau de placement pour les domestiques, 35, rue de Sèvres, et un autre bureau de placement pour les employées de commerce, le mercredi, de 10 heures à 11 h. 1/2, 36, faubourg Saint-Martin.

Indications diverses.

Afin d'être pourvues d'indications pour toutes les éventualités qui se présentent dans un Patronage, les Directrices auront dans le *Manuel des Œuvres* (dernière édition 1900), Poussielgue, 15, rue Cassette, un conseiller précieux.

Nous allons donner ici en quelques lignes les principales adresses nécessaires aux Directrices d'Œuvre de jeunesse :

1. *Œuvre générale des Patronages*, Secrétariat, 17, rue Hamelin. *Bulletin de Notre-Dame Auxiliatrice et de Sainte-Clotilde*, 3 fr.

2. *Œuvre diocésaine des Bonnes Vacances*, 17, rue Hamelin.

3. *Œuvre des Patronnes chrétiennes*, Mlle L. d'Hérouville, 42, boulevard du Montparnasse.

4. *Syndicats des Ouvrières de l'Habillement et du Commerce*, 5, rue de l'Abbaye.

5. *Œuvre de la Protection de la jeune fille*, Home d'accueil : 35, rue de Sèvres ; Bureau de placement : même adresse et 36, faubourg Saint-Martin, le mercredi, de 10 h. à 11 h. 1/2.

6. *Œuvre générale des Catéchismes* (Archiconfrérie), Secrétariat : 19, rue de Varenne. Bulletin *Voix du bon Catéchiste*, 3 fr.

7. *Œuvre de l'Aiguille*, 19, cité du Retiro ; 13, rue Boissy-d'Anglas.

Restaurant de dames seules, 0 fr. 90, 47, rue Richelieu.

8. *L'Aiguille à la Campagne. — Dentelles*, Mlle de Marmier, 13, rue Pasquier.

9. *Union catholique des Dames de l'Enseignement libre*, 37, rue Barbet-de-Jouy.

10. *Ecole professionnelle ménagère et placement*, Mlle Sanceren, 23, rue Guilleminot.

11. *Maisons de famille :*

25, rue de Maubeuge, 60 fr. chambre — 45 fr. dortoir.

26, place Jeanne-d'Arc, 35 fr. dortoir.

101, rue de Lille, 60 fr. chambre — 50 fr. dortoir.

35, rue Boissy-d'Anglas, 19, cité du Retiro, 60 fr. chambre — 50 fr. dortoir.

Sœurs de Saint-Vincent de Paul, 5, rue Oudinot, 50 fr. dortoir.

Sœurs de la Charité de Nevers, 59, avenue Daumesnil, 50 fr. dortoir.

12. *Œuvre de l'Enfant-Jésus*, 30, rue Dombasle,

— 5, avenue Sainte-Eugénie. Pour la première Communion d'enfants en retard ou délaissées (on les prend à demeure pendant trois mois). Frais de séjour et de première Communion, 120 fr. par an.

13. *Œuvre de Saint-François Régis*, 6, rue Furstemberg, mariages et légitimations.

14. *Refuges : Asile Sainte-Madeleine*, 81, boulevard du Montparnasse ; — *Asile Saint-Raphaël*, 197, rue Saint-Jacques ; — 40-42, boulevard d'Argenson, Neuilly.

15. *Orphelinat*, à Dienville (Aube), 20 fr. par mois.

TROISIÈME PARTIE

APPENDICE

COMMENT FONDER UN PATRONAGE ?

SPÉCIMENS DE DIVERS RÈGLEMENTS
DE PATRONAGES

PROGRAMMES DE FÊTES

LES ASSOCIATIONS PIEUSES
DANS
DIVERS PATRONAGES

CATALOGUE DE LA BIBLIOTHÈQUE
DE LA DIRECTRICE

Comment s'y prendre pour fonder un Patronage ?

« Je voudrais fonder un Patronage, mais je ne sais comment m'y prendre, ni par où commencer, » écrit-on de toutes parts, surtout de province, au secrétariat de l'Œuvre générale. Et l'on ajoute : « Veuillez nous envoyer des indications. »

Hélas ! ces indications sont longues à détailler et surtout risquent de tomber à faux, ne connaissant ni la personne qui nous écrit, ni le milieu auquel doit s'adapter son apostolat. Nous allons donc nous borner à donner quelques indications générales, mais répéterons jusqu'à satiété : « Adaptez-vous au milieu où vous vivez. » — Nous avons à Paris des différences très marquées d'un quartier à un autre ; vous aurez de même des nuances entre deux villages voisins, et à plus forte raison entre deux provinces différentes.

Pour fonder un Patronage, il faut trois éléments indispensables : 1° le local ; 2° la Directrice et ses auxiliaires ; 3° les enfants.

1° *Un local.* — Il faut de toute nécessité un lieu de réunion pour les enfants. Le Patronage en plein air est une *utopie*, par la simple raison que le beau temps perpétuel est un mythe. Plus ce local sera spacieux et bien organisé, plus les enfants s'y plairont. Toutefois, on est souvent obligé de débuter modestement. On s'arrange alors avec deux ou trois pièces, ou mieux encore avec une *grande salle*, qu'on divise avec deux cloisons mobiles, de manière à faire trois classes pour les divisions séparées : en ouvrant ensuite les cloisons, cette salle peut servir aux grandes réunions. Un préau ou hangar couvert pour jouer les jours de pluie, et une bonne cour pour jouer habituellement, voilà déjà un bon petit début de Patronage.

2° *Une Directrice et des auxiliaires.* — Il faut que vous soyez libre de consacrer vos jeudis et vos dimanches à votre Patronage. Si vos enfants sont nombreuses, vous avez besoin de *plusieurs auxiliaires* ; mais, alors même que vous n'auriez que dix enfants, il vous faut de toute nécessité *une auxiliaire*, pour vous remplacer en cas de maladie, d'absence ou d'empêchements imprévus, afin que le Patronage ne chôme jamais.

3° *Des enfants.* — Il faut pour commencer un Patronage avoir un noyau d'enfants sur lesquelles vous puissiez compter, pour ne pas avoir le ridicule d'ouvrir un Patronage avec... personne ! Mais avec *cinq ou six enfants assurées* vous pouvez commencer, les autres viendront ensuite.

Marche à suivre. — Dès que votre local est convenablement aménagé, pourvu d'un petit oratoire, où le crucifix a la place d'honneur, et près duquel sont placées les images de la Sainte Vierge, de saint Joseph et du Sacré-Cœur, vous fixez le jour d'ouverture du Patronage. Vous faites savoir officieusement dans le quartier, le bourg ou le village, que vous réunirez le jeudi quelques écolières en congé, bien sages, pour leur donner une leçon de couture. Les parents, auxquels cette idée de se *débarrasser de leurs enfants le jeudi et de leur procurer un cours de couture* sourira certainement, vous en enverront un bon nombre. Vous veillerez à ce que la couture soit, en effet, sérieusement faite, et que les mères puissent constater que leurs petites filles travaillent réellement. Au cours de couture, vous joindrez des bons jeux dans la cour ou le préau, et un peu d'instruction religieuse ; vous ferez apprendre le catéchisme aux enfants qui n'ont pas encore fait leur première Communion. Vous le ferez repasser à celles qui sont déjà persévérantes.

Vous exhorterez ces chères enfants à venir à la messe **le dimanche**, et afin de les y encourager vous leur promettrez des bons points : pour cela, naturellement, il faudra bien marquer leurs présences, et voici la surveillance à la messe du matin établie tout naturellement.

Mais bientôt les sœurs aînées de vos fillettes, qui ne sont pas libres le jeudi, parce qu'elles travaillent, réclameront un Patronage aussi pour elles, le dimanche. Sans paraître pressée de l'accorder, vous leur direz que vous ouvrirez le Patronage le dimanche dès qu'elles vous assureront la présence de douze d'entre elles. Et voilà que les douze seront trouvées, et que vous ouvrez votre Patronage du Dimanche. Par exemple, pas moyen de coudre, que faire alors ? De bonnes rondes dans la cour, sauter à la corde, des jeux de ballons, — et pour se reposer des jeux d'esprit : charades, mouchoir empoisonné, etc., — en instituant vos plus *grandes* protectrices des petites (1).

La journée du dimanche ne se passera pas, bien entendu, sans mener les enfants au Salut ; à Paris, le Salut suffit grandement, et l'assistance aux Vêpres et au Sermon est considérée par toutes les Directrices comme trop longue pour des ouvrières enfermées toute la semaine. — En province ou à la campagne, il peut y avoir des motifs d'agir autrement : les Vêpres ne sont pas longues et sont parfois le seul office, le Curé tient souvent à avoir des jeunes filles qui forment son principal auditoire ; c'est au tact de la Directrice de peser le *pour* et le *contre*, se souvenant qu'elle ne doit pas décourager ses enfants par de trop longues stations à l'église, sans air le dimanche.

Les petites sœurs ont amené leurs aînées, les aînées à leur tour amènent les plus jeunes : votre Patronage fait boule de neige, et est déjà nombreux, surtout le jeudi. Vous en profitez, sur la demande de M. le Curé, pour grouper les enfants du catéchisme préparatoire et du catéchisme de Première Communion, et leur donner des répétitions spéciales de catéchisme à la sortie de l'école, à 4 heures, soit le mercredi, soit le samedi, veille du congé du jeudi et du dimanche, où elles ne sont par conséquent pas pressées par leurs devoirs. — Et voilà que les enfants

---

(1) Voyez *Comment diriger nos patronages de jeunes filles*, de M. l'abbé SCHAEFER, 5ᵉ Conférence : Les attraits du Patronage, p. 72, vous y trouverez tous les renseignements nécessaires.

qui sont au Patronage savent mieux au catéchisme ; mais elles s'y tiennent encore bien mal, dit M. le Curé. — Alors, vous offrez de les surveiller pendant le catéchisme préparatoire et le catéchisme de Première Communion. Le résultat est excellent, et voici, outre le Patronage, l'Œuvre des Catéchismes organisée.

Les parents sont enchantés : ils voudraient vous remercier, vous dire les progrès de leurs petites filles, ou vous dire de les gronder pour leurs méfaits à la maison ; vous l'apprenez officieusement, et vous allez aimablement faire une tournée chez les parents, très flattés. Les visites aux familles sont organisées !

Les mères regrettent de n'être plus au temps de leur jeunesse où elles *aimaient bien les cantiques*, et, sans *être dévotes, avaient encore le temps d'aller à la messe et à confesse aux grandes fêtes ;* pour les consoler et tâcher de les faire revenir à *ce temps de leur jeunesse*, vous organisez, au moment des grandes fêtes, une réunion pour elles où l'on chante des cantiques, où M. le Curé vient dire un petit mot, et où une petite tombola termine la fête. Ce sera le germe de futures réunions de Mères chrétiennes.

D'ici quelques années vous voudrez récompenser la fidélité de vos persévérantes, et vous admettrez les plus ferventes dans les associations des Saints-Anges, puis des Enfants de Marie. Vous aurez déjà un Patronage parfaitement organisé avec des associations de piété.

Vous vous sentirez le désir de participer et de faire participer vos enfants aux indulgences, si nombreuses, que le Saint-Père a accordées aux Œuvres de Catéchisme et de Patronage. — Vous vous empresserez, avec la permission de M. le Curé, de faire associer votre Œuvre de Catéchisme à l'Archiconfrérie de l'Œuvre des Catéchismes (écrire aux Secrétaires, 19, rue de Varenne) et votre Patronage à l'Archiconfrérie de Notre-Dame Auxiliatrice de Drancy (Secrétariat, 17, rue Hamelin). Votre Œuvre sera ainsi solidement et canoniquement organisée.

Comme toute œuvre humaine, un Patronage pour vivre a besoin de quelques ressources ; on tâchera de les lui créer en lui trouvant une Présidente chargée de pourvoir aux besoins du

Patronage soit par elle-même, soit par des quêtes ou ventes, ainsi que par sa cotisation et les cotisations de son Comité de Dames.

Vous trouverez dans notre Bulletin un écho des réunions de l'Archevêché et divers renseignements pratiques.

Si vous avez des loisirs pour travailler, étudiez les questions œuvres de jeunesse, éducation, instruction religieuse (tant catéchisme qu'histoire de l'Eglise); si vous désirez des recueils d'historiettes pour vos enfants, vous trouverez dans le catalogue qui termine ce livre des renseignements utiles.

Voilà toutes les seules indications générales que nous puissions donner aux Patronages inconnus. C'est au tact des Directrices de les adapter au champ particulier que le Seigneur les a appelées à lui cultiver.

Spécimens de divers règlements de Patronage.

Pour répondre à de multiples demandes, nous reproduisons quelques règlements du jeudi et du dimanche; toutefois, il nous paraît nécessaire de faire remarquer que le *meilleur règlement est celui* qu'on se fait soi-même pour *son Patronage adapté à son quartier*, à sa province; en un mot *le règlement qu'on a vécu avant de l'écrire* (1).

Horaire du jeudi (à titre de spécimen).

1 h. à 2 h. Arrivée des enfants, jeux.
2 h. à 3 h. Couture.
3 h. à 3 h. 1/2. Récréation.

(1) On peut aussi trouver un règlement d'une journée de Patronage très complet et très détaillé dans l'excellent petit livre de M. l'abbé Schaefer : *Comment diriger nos Patronages de jeunes filles.*

3 h. 1/2 à 4 h. 1/4. Cours divers selon les divisions.
4 h. 1/4 à 4 h. 3/4. Goûter.
4 h. 3/4 à 5 heures. Avis généraux de la Directrice, prière, départ.

Horaire du Dimanche (à titre de spécimen).

Matin. — Messe, instruction à la messe. Retour au Patronage. Jeux.
Soir. — 1 h. à 2 h. Arrivée des enfants.
2 h. à 2 h. 3/4. Catéchisme de persévérance.
2 h. 3/4 à 3 h. 1/2. Récréation.
3 h. 1/2 à 4 h. 1/4. Chant.
4 h. 1/4 à 4 h. 3/4. Goûter, récréation.
5 heures. Salut, avis, prière, départ.

RÈGLEMENT D'UN PATRONAGE DE LA BANLIEUE DE PARIS

Jeudi.

1 h. 1/2 à 2 h. 3/4. Récitation du catéchisme pour les premières Communiantes. 2 h. 1/2 à 4 heures : étude et explication de catéchisme aux enfants de première année de catéchisme.
2 h. 1/2 à 3 h. 1/2. Classes enfantines, puis récréation.
2 h. 3/4. Ouvroir pour les Persévérantes qui ne travaillent pas encore au dehors. Lectures morales, avis, conseils pieux ou pratiques. Cantiques et prières. Dizaine de chapelet.
4 heures. Goûter et récréation.

Dimanche.

9 heures. Messe à la Paroisse, pendant laquelle les Persévérantes chantent des cantiques.
9 h. 3/4. Récitation au Patronage du catéchisme pour les premières Communiantes afin de les préparer au catéchisme du lundi.
1 h. 1/2. Récréation.

2 heures. Instruction religieuse ou morale pour les Persévérantes. Histoire sainte pour les enfants des catéchismes.

3 heures. Répétition de chant pour les Persévérantes.

3 h. 1/2. Jeux. Chants ou préparation de la Fête annuelle (comédie.)

4 heures. Goûter. Récréation.
Salut.

RÈGLEMENT D'UN PATRONAGE DU CENTRE

1. Le Patronage est ouvert tous les jeudis à 2 heures, tous les dimanches à 2 h. 1/2. On n'ouvre la porte que cinq minutes avant l'heure.

2. Le silence le plus absolu doit toujours être gardé dans l'oratoire.

3. Des notes bonnes ou mauvaises sont données aux enfants selon leur conduite. Les bons points servent à acheter des récompenses.

4. A l'issue du Patronage, les enfants sont *toutes* conduites au salut, à moins *d'un mot de leurs parents* les réclamant plus tôt ; dans ce cas elles quitteront le Patronage à 3 h. 1/2 immédiatement après l'avis et l'instruction religieuse.

5. Les enfants ne pourront emporter leurs ouvrages que lorsqu'ils seront complètement achevés et bien faits. Elles devront les montrer à une Directrice et en demander la permission.

6. *Jeux*. — Les enfants devront : ne pas mêler les jouets des grandes et ceux des petites ; éviter le tapage, ne pas monter sur l'estrade, ni toucher aux rideaux. Elles n'ont la permission de courir que dans le jardin ou la grande salle des fêtes, et ne doivent jamais s'échapper dans les autres pièces.

On doit toujours se taire et accourir à l'appel de la *sonnette*, suspendant *immédiatement* les jeux. Il est *absolument défendu* de faire des apartés ou de se promener deux à deux.

7. *Bibliothèque*. — Les livres prêtés sont inscrits sur notre cahier. Ils devront être rapportés tous les quinze jours ; s'ils ne

sont pas terminés, ils seront prêtés de nouveau. Il est *absolument interdit de se passer les livres* les unes aux autres.

Il sera repris des *bons points* pour toute *infraction* au *Règlement*, et si elle se *renouvelle* elle sera *punie* plus *sévèrement*.

RÈGLEMENT
DE LA RETRAITE DE PREMIÈRE COMMUNION D'UN PATRONAGE DU CENTRE DE PARIS

10 h. 1/2, 11 heures. — Jeux de corde.

1 heure. — Sentiment de retraite, individuellement, et lecture édifiante.

(Premières Communiantes et Renouvelantes séparées).

2 h. moins 5. — Cantiques (toutes les enfants ensemble).

Avis (Premières Communiantes et Renouvelantes séparées).

2 h. 1/2 à 3 heures. — Jeux (toutes les enfants ensemble.)

3 h. 1/4. — Goûter (id.)

3 h. 1/2. — Départ.

RÈGLEMENT DU DIMANCHE
I" ET III".

2 h. 1/2-3 heures. — Instruction religieuse pour les grandes.

3 heures-3 h. 10. — Rappel des petites, dizaine de chapelet. Cantique.

3 h. 10-3 h. 1/2. — Avis du Directeur de Patronage.

3 h. 1/2-4 h. 1/4. — Prêt des livres. Jeux. Goûter.

4 h. 1/4-4 h. 3/4. — Chant.

4 h. 3/4. — Départ.

5 heures. — Salut.

RÈGLEMENT POUR LE DIMANCHE
II", IV" ET V".

Apprenties et Ouvrières.	Écolières.
2 h. 1/2-3 h. 1/4. — Catéchisme.	2 h. 1/2-3 h. 1/2. — Avis de piété, dizaine de chapelet.
Histoire Sainte ou Liturgie.	Jeux tranquilles.

Toutes les enfants se réunissent pour les exercices suivants :

3 h. 1/4-3 h. 1/2. — Avis de piété.
3 h. 1/2-4 h. 1/4. — Prêt de livres. Jeux. Goûter.
4 h. 1/4-4 h. 3/4. — Chant.
4 h. 3/4. — Départ.
5 heures. — Salut.

A titre de spécimens également, nous donnons quelques programmes de fêtes ou de séances récréatives.

PROGRAMME D'UNE DISTRIBUTION DE PRIX

Cantique : *Salut, ô Vierge Immaculée*, Prière.
Cantique : *En haut les cœurs* (Hymne).
Les Disciples d'Emmaüs, Poésie de François Coppée.
Sainte Claire et l'Hostie, Poésie de P.-V. Delaporte.
Le Ciboire sauvé, Poésie de P.-V. Delaporte.
Cantique : *Par les Chants les plus magnifiques*.

Distribution des Livrets d'Examens religieux.
Distribution des Prix aux Persévérantes.

Jeanne d'Arc et la Mort, Poésie de P.-V. Delaporte.
Cantique : *Chantons l'héroïque vaillance*.

Distribution des Prix du Patronage
aux Enfants des Catéchismes de Première Communion,
Préparatoire et de la Sainte-Enfance.

Un Evangile, Poésie de François Coppée.
Cantique : *Ange de Dieu*.

Allocution de Monsieur le Curé
Réception des Associées des Saints-Anges
Salut du Très Saint Sacrement : *Adoro te, Ave maris Stella, Tantum ergo, Invocations au Sacré-Cœur*.
Cantique : *Vive Jésus*.

PROGRAMME D'UNE FÊTE POUR LE DIMANCHE GRAS

I. *L'Auvergnate à la Tour Eiffel*, de Pourny (Cartereau).
II. *La Banque du Paradis*.
III. *La Cigale et la Fourmi* (Extrait des *Dialogues enfantins* d'Hortense Barrau) (Haton).
IV. *La Caissière* (P. de Kock, y faire quelques modifications).
V. *Miss Sensitive*, de Lhuillier (Noël).
VI. *Une Promenade de Fénelon*.

PHONOGRAPHE

PROGRAMME DE LA FÊTE DE L'ARBRE DE NOËL ET DU JOUR DE L'AN

Compliment chanté à Monsieur le Curé.
Compliment récité à Monsieur le Curé.
Vieux Noël de Wekerlin.
Mystère de Noël, saynète (Abbé Faivre), (Haton).
La Légende du Chevrier (Aicard).
Les Roses rouges de la Crèche (mystère de Noël), M. de Montgermont. (Extraits des voix qui raniment.) (Téqui, 29, rue de Tournon).
L'Année, poésie du Marquis de Ségur.
Distribution des récompenses de l'arbre de Noël.

Rapport sur les Associations pieuses au Patronage [1]

LU A LA RÉUNION DES DIRECTEURS ET DIRECTRICES
LE LUNDI 20 FÉVRIER 1905.

Les *Associations* pieuses, voici une des questions les plus importantes du Patronage, car elle tient à l'essence même de sa

[1] Nous insérons ici, à titre de document, le rapport qui a condensé les avis des Directrices des Patronages de divers quartiers de Paris.

vie religieuse ; elle est vraiment la pierre de touche à laquelle on reconnaîtra sa valeur : tant valent les associations, tant vaut le Patronage. C'est que, en effet, l'association religieuse, dans un Patronage, c'est le bon levain de la parabole qui doit faire fermenter la masse.

Comprenant l'importance de ce sujet, les Directrices nous ont envoyé des rapports très intéressants et très documentés. Après les avoir étudiés et nous en être pénétrées, nous en avons extrait des principes généraux que nous allons d'abord résumer brièvement ; puis nous expliquerons les grandes lignes de l'organisation la plus répandue, ensuite nous indiquerons les détails particuliers à quelques Patronages. Enfin, nous nous efforcerons de tirer des conclusions pratiques : car il ne suffit pas d'étudier, de délibérer, de discuter, il faut conclure pratiquement, afin de faire progresser nos chers Patronages, et de les rendre plus solidement chrétiens à mesure que la haine antireligieuse se déchaîne.

I. — Principes généraux sur les Associations.

Rappelons d'abord que toute association, quelle qu'elle soit, a pour objet de *grouper*, d'*associer* des personnes désireuses d'*unir leurs forces et leurs efforts* vers un *but* commun et déterminé. Nos associations pieuses renferment les éléments de toute association, elles *groupent* des jeunes filles qui, se *stimulant* mutuellement par leurs exemples, *fortifiées* par leurs conseils, poursuivent *un but déterminé*, celui de leur sanctification.

Il ne faut pas perdre de vue ce principe élémentaire, sous peine de voir nos associations dégénérer ou manquer leur but. Mais on ne *sanctifie pas* les gens *malgré eux*, sans qu'ils le *désirent*, sans qu'ils y apportent leur *coopération* : « *Dieu, qui nous a créés sans nous, ne nous sauvera pas sans nous,* » a dit saint Augustin. Il faut donc, et presque toutes les Directrices insistent sur ce point, que nos enfants désirent être reçues dans les associations et *manifestent ce désir* par une *demande écrite*. Elles devront, en même temps, faire quelques efforts pour mériter d'être admises, efforts qui persévèreront après leur réception. Être associée des Saints-Anges ou Enfant de Marie n'est pas *un vain titre honorifique ;* c'est un *honneur,* c'est vrai, pour celles qui l'ont *réellement mérité :* mais alors elles doivent se souvenir du proverbe : « Noblesse oblige, » et répondre à cette faveur par des efforts généreux, sachant correspondre aux grâces nombreuses de ces associations qui sont surtout des *moyens de sanctification.*

La Directrice prémunit donc l'enfant contre la *vanité du ruban,* et essaye de lui faire comprendre les prédilections de la Sainte Vierge pour celles qui lui sont plus spécialement consacrées.

Enfin les enfants devront être averties que leur légèreté ou leur inexactitude aux réunions de l'Association pourront les en faire exclure.

II. — Organisation la plus répandue.

Ceci établi, voici comment dans la plupart des Patronages sont organisées les associations :

Une association des Saints-Anges reçoit les enfants, soit immédiatement après la première Communion, pour les retenir par une réunion pieuse, soit quelques mois ou un an après seulement, pour éprouver un peu leur fidélité, et séparer le bon grain du mauvais ; les avis des Directrices sont partagés à ce sujet. D'une manière générale il semble que la Confrérie des Saints-Anges soit un peu la confrérie de la Miséricorde. Cependant, pour ne pas lui enlever sa valeur, il est peut-être sage de ne pas enrégimenter les enfants en masse, mais de procéder à un *choix,* choix très large, suffisant toutefois pour que l'admission demeure *une distinction.*

Les aspirantes qui ont donné satisfaction pendant un an par leur assiduité à la messe et aux réunions, sont reçues associées des Saints-Anges. C'est habituellement la Directrice (avec ses auxiliaires bien entendu, et après approbation du Directeur) qui nomme les enfants soit aspirantes, soit associées des Saints-Anges, sans avoir recours à l'élection des grandes.

Vers 14 ou 15 ans, l'associée des Saints-Anges qui le mérite est nommée aspirante des Enfants de Marie, puis un an après associée. Souvent il y a trois degrés : postulantes ou prétendantes, aspirantes et associées ; alors on postule pendant trois mois.

Les congrégations d'Enfants de Marie sont souvent paroissiales, d'autres fois particulières au Patronage, mais affiliées à la paroisse pour les indulgences, s'y rendant d'ailleurs à certains jours de fête. Pour admettre une jeune fille parmi les Enfants de Marie, la Directrice fait une sélection plus sévère, et généralement a recours aux élections et même aux informations de ses dignitaires.

La bonne Enfant de Marie doit être fidèle non plus seulement à la messe mais à la communion du mois et à toutes les réunions de l'Association, être vraiment pieuse et donner le bon exemple autour d'elle par sa tenue et sa conduite édifiantes. Elle se sanctifiera aussi de son mieux avec la protection de la Sainte Vierge dont elle sera devenue plus spécialement l'enfant. Être Enfant de Marie, voilà quel sera le couronnement des associations pour la plupart des jeunes filles.

Cela ne suffit pas toutefois au zèle ardent de certaines natures d'élite. Comprenant cette parole de Notre-Seigneur : « Je suis venu allumer le feu sur la terre et que veux-je, sinon qu'il s'allume ! » elles veulent faire aimer ce Dieu si méconnu ! Alors l'Œuvre des Patronages, soucieuse comme l'Église de répondre à toutes les vocations, offre un nouvel aliment à la piété communicative, au zèle apostolique de ces chères enfants. C'est pour ces âmes d'élite qu'est établie l'Association de Notre-Dame du Bon Conseil.

M. le Vicaire Général Odelin nous expliquait d'un mot, il y a quelques années, la profonde différence qui existe entre les associations d'Enfants de Marie ordinaires, et l'Association de Notre-Dame du Bon Conseil. « On est Enfant de Marie pour soi, on est Enfant du Bon Conseil pour les autres. » Tout est là, l'Enfant de Marie, nous l'avons vu, est pieuse, édifiante, travaille à sa propre sanctification, l'Enfant du Bon Conseil dépasse ce programme ; elle se sanctifie de son mieux, sans doute, mais cela ne lui suffit pas, elle prend son élan et bondit plus loin. Elle veut gagner des âmes, ces âmes si précieuses pour lesquelles Notre Seigneur Jésus-Christ a tant souffert, ces âmes de jeunes filles, d'ouvrières, comme elle en butte à tant de dangers et de tentations ; ces dangers qui menacent nos enfants dans leurs ateliers et, détail affreux, jusque dans leur propre famille : ce ne sont pas seulement des livres sérieux, documentés, qui nous les révèlent, ce sont les confidences douloureuses que nous recevons parfois, et qui brisent nos cœurs maternels ! L'Enfant du Bon Conseil connaît ces dangers mieux encore que nous, car elle les a vus de près ! Et elle veut sauver à tout prix ces chères compagnes ! alors elle se dévoue de toutes manières : au Patronage, elle se multiplie pour organiser les jeux, pour entraîner dans une ronde telle ou telle enfant qui commençait peut-être une conversation douteuse, pour ramener à l'obéissance telle autre révoltée, pour obtenir des communions supplémentaires à l'occasion d'une fête… Elle ne ménage pas sa peine ni ses efforts ! Elle est aimée de ses compagnes, elle acquiert par son amabilité et son abnégation une salutaire influence, et peut porter à bon droit ce titre d'Enfant du Bon Conseil. Elle sait se sacrifier, s'oublier elle-même, et c'est là le secret de son apostolat, comme de tout apostolat.

Le Bon Conseil se compose donc d'une élite restreinte, c'est pourquoi il est nécessaire que chaque Patronage ait son Association d'Enfants de Marie particulière et n'envoie au Bon Conseil que de vraies âmes apostoliques.

Les réunions d'Enfants de Marie au Patronage sont habituellement tous les quinze jours, et sont présidées par le Directeur. Les réunions des Saints-Anges n'ont lieu qu'une fois par mois, et souvent sont confiées aux Directrices.

III. — Particularités de chaque Patronage.

Nous avons reçu des rapports très intéressants de vingt et un Patronages différents. En étudiant ces rapports, il est extrêmement intéressant, au milieu des grandes lignes et des principes universellement adoptés, de trouver certaines différences de détails, où l'on reconnaît le tact et le cœur maternel des Directrices adaptant leur organisation aux milieux où s'exerce leur apostolat.

Ainsi les Directrices de certaines paroisses ont trouvé le moyen de retenir les enfants immédiatement après leur première Communion, tout en leur faisant mériter d'être reçues des Saints-Anges, et cela par la création d'une Confrérie de l'Enfant-Jésus.

Dans un quartier très populeux, au contraire, la multiplicité des congrégations effarant les parents et blasant les enfants, la Directrice a sagement renoncé à l'association des Saints-Anges, pour donner tous ses soins à celle des Enfants de Marie.

Voici à quoi doivent s'engager, dans la plupart des Patronages, les enfants qui désirent être reçues dans l'association des Saints-Anges :

1° A assister à la messe tous les dimanches et fêtes.

2° A assister aux réunions qui ont lieu tous les 4° dimanches du mois.

3° A réciter leurs prières matin et soir.

4° A réciter chaque jour une dizaine de chapelet.

5° A se confesser chaque mois.

Ce règlement nous paraît aussi simple que pratique.

Dans un de nos plus florissants Patronages, les jeunes filles ne sont jamais admises au Bon Conseil avant 18 ou 20 ans. Alors, ce sont de véritables auxiliaires pour la Directrice, surveillant un groupe de petites et leur préparant elles-mêmes les récompenses, visitant les familles pauvres, etc.

Voici : 1° Le programme d'une réunion des Saints-Anges tel que cette réunion se fait presque partout : prière, cantique, avis du Directeur ou de la Directrice, récitation du Chapelet, prière aux Saints Anges ;

2° Le programme des réunions d'Enfants de Marie d'un quartier du centre : la récitation du petit office, une méditation d'un quart d'heure pour apprendre aux jeunes filles à bien méditer en leur particulier, des avis où se glissent les petites nouvelles intéressant le Patronage, la paroisse, l'église. L'idée d'habituer de cette manière nos Enfants de Marie à une petite méditation nous a paru bonne à signaler.

3° Le programme d'une réunion du Bon Conseil : prière, compte rendu par chaque associée des charges qui lui ont été confiées, avis pratiques et exhortations de la Directrice, prière suivie de l'invocation : Notre-Dame du Bon Conseil, priez pour nous. En outre de cette réunion ordinaire qui a lieu tous les quinze jours, il y a, chaque mois, une réunion de piété, présidée par l'aumônier.

Telles sont les principales particularités que nous avons relevées dans les rapports des Directrices de Patronage. Nous regrettons que le temps nous manque pour étudier plus longuement les détails de l'organisation dans chaque paroisse, détails mis à notre disposition avec tant d'amabilité par les dévouées Directrices.

Conclusion.

Formons donc, dans nos Patronages, par les associations pieuses, un noyau foncièrement chrétien, une phalange d'Enfants de Marie sincèrement pratiquantes. Sachons avoir le courage de retirer, au moins temporairement, les rubans des Enfants qui manqueraient la messe ou les réunions. Efforçons-nous de leur faire mieux comprendre les *faveurs spirituelles* attachées à chaque association, et qu'elles sachent voir, par conséquent, dans leur admission autre chose que le *ruban* qui en est l'insigne.

Développons en elles la dévotion aux Saints Anges trop oubliée, peut-être, surtout à l'Ange Gardien dont la pensée pourrait les aider en bien des moments périlleux. Inspirons-leur une sincère dévotion à la Sainte Vierge en les entretenant souvent de ses vertus humbles et cachées, et de la puissance de son intercession sur le Cœur de son divin Fils. Que l'union la plus cordiale règne entre les associées et que nous puissions dire d'elles, comme saint Luc des premiers chrétiens : « Elles n'ont qu'un cœur et qu'une âme. »

Ainsi, nos associations seront des phalanges merveilleusement constituées; elles seront nos bataillons de solides vétérans qui soutiendront notre Patronage et l'empêcheront de ressentir les atteintes trop universelles de l'indifférence, du mauvais esprit, de la lâcheté ou du respect humain.

Que celles qui sont aptes à recevoir des enseignements plus élevés et à devenir des auxiliaires au Patronage soient prémunies par leur Directrice contre tout orgueil, qu'elles soient reconnaissantes à Notre-Seigneur qui veut bien se servir d'elles, se souvenant de cette parole du divin Maître : « Ce n'est pas vous qui m'avez choisi, c'est moi qui vous ai choisis afin que vous alliez et que vous portiez du fruit et que votre fruit demeure. »

(S. Jean, xv, v. 16.)

Bibliothèque de la Directrice

POUR L'AIDER DANS SES INSTRUCTIONS ET AVIS

1° Livres professionnels (Patronage, éducation, etc.).

Titres	Auteurs	Appréciations	Éditeurs	Prix broché
Sauvons nos enfants	Abbé Lenfant	Cette brochure, qui contient les éloquentes conférences de M. l'abbé Lenfant, est indispensable à une Directrice qui veut comprendre l'utilité et la grandeur de sa tâche. Elle est aussi un éloquent plaidoyer en faveur des Patronages pour décider les femmes du monde à s'y intéresser.	Lecoffre 90, rue Bonaparte	1 fr. 50
Comment diriger nos patronages de jeunes filles	Abbé Schaefer	Excellent livre dont on ne saurait jamais dire assez de bien. Il est *indispensable* à toute Directrice. Toutes les difficultés y sont résolues avec cette netteté qui prouve que l'auteur a vu *vivre* ce qu'il conseille.	Lecoffre	1 fr.

Titres	Auteurs	Appréciations	Editeurs	Prix broché
Méthode de direction des œuvres de jeunesse.	Abbé Timon-David (2 vol.)	Bien que s'adressant à des Directeurs d'œuvres de garçons, ces volumes renferment pour les Directrices une multitude de sages et précieux conseils.	Imprimerie Court-Payen 11, rue Case-Blancarde, Marseille.	7 fr.
L'Education 3 volumes	Mgr Dupanloup	Il s'agit de l'éducation au collège, et pourtant que de lumières une Directrice y puiserait d'abord sur les qualités nécessaires à toute éducation, ensuite sur la manière de diriger son petit troupeau, enfin sur la façon de prendre les enfants, sur leur nature, etc.	Téqui.	10 50
Lettres pour l'éducation des filles.	Mgr Dupanloup	Quoique plus spécialement destiné à l'éducation des jeunes filles du monde, ce livre servira beaucoup à une Directrice de Patronage.	Téqui.	4 fr.
L'Enfant.	Mgr Dupanloup	Ce petit livre est précieux pour connaître l'enfant à fond.	Téqui.	4 »

Titres	Auteurs	Appréciations	Editeurs	Prix broché
Avis d'une Directrice de Patronage.	Mlle de Montgermont	Ces avis peuvent servir de thème et de canevas aux Directrices pour leurs instructions pieuses. Ils peuvent aussi être donnés directement aux enfants comme livres de prix.	Téqui, 29, rue de Tournon	2. »
Le Travail. L'Education.	Comtesse Zamoiska	Livres excellents et très pratiques. Très intéressants. Les opinions peuvent être discutées et sont discutables sur certains points, mais sont toutes empreintes de piété et de bon sens.	11, rue Case-Blancarde, Marseille.	chaque vol. 3.50
Formation de la volonté.	Abbé J. Guibert	Psychologie de la Volonté aussi utile pour cultiver la nôtre que pour former celle des enfants.	Bloud, 4, r. Madame.	0.60
Les Patronages et Au sortir de l'Ecole	Max Turmann	Ces volumes nous font connaître les œuvres de nos adversaires. Associations amicales ou sortes de Patronages et œuvres post-scolaires de toutes sortes.	Lecoffre.	chaque vol. 3.50

Titres	Auteurs	Appréciations	Editeurs	Prix broché
Initiatives féminines.	Max Turmann	Cet excellent livre rempli d'idées pratiques sur toutes sortes d'œuvres est indispensable à une Directrice qui veut se tenir au courant des questions sociales actuelles.	Lecoffre, 90, rue Bonaparte.	3.50
Que faut-il faire pour le peuple ?	Abbé Millot	Ouvrage documenté et précieux pour une Directrice de Patronage ayant à vivre avec le peuple et à tâcher d'adoucir ses misères physiques et morales.	Lecoffre, 90, rue Bonaparte.	4. »
Salaires et misères des femmes.	Comte d'Haussonville	Au même point de vue, ce livre est plein d'intérêt. En des pages navrantes il nous montre combien nos pauvres enfants sont exposées.	Perrin, 39, quai des Grands-Augustins.	3.50

Titres	Auteurs	Appréciations	Editeurs	Prix broché
Employées et Ouvrières	Fénelon Gibbons	Voici ce que M. le Comte d'Haussonville écrit de cet ouvrage : « M. Fénelon Gibbons a eu l'heureuse pensée d'établir une sorte d'Index des professions féminines, depuis celles dont l'accès suppose une certaine culture intellectuelle jusqu'à celles où il ne s'agit que de faire œuvre de ses dix doigts ; mais il ne s'est pas borné à une sèche nomenclature sur chaque profession, sur les avantages ou sur les inconvénients qu'elle comporte ; il entre dans des détails précis, minutieux, qui font de ce livre une publication de la plus grande utilité, soit pour les intéressées elles-mêmes, soit pour ceux qui peuvent être appelés à leur donner des conseils. »	Vitte, 14, rue de l'Abbaye.	2.50
Manuel des Œuvres.		On trouvera dans ce précieux livre la nomenclature de toutes les œuvres.	Poussielgue, 15, rue Cassette.	3. »

2° Livres religieux de fonds (Catéchisme, Histoire de l'Eglise, Apologétique, Liturgie).

Titres	Auteurs	Appréciations	Editeurs	Prix broché
Catéchisme du Concile de Trente (2 vol.).	Mgr Donney	Livre de fonds indispensable pour l'enseignement de la doctrine.	Lecoffre, 90, rue Bonaparte.	
Catéchisme expliqué	Cauly	Indispensable à une Directrice.	Poussielgue.	8. »
Manuel des Catéchistes de 1re Communion	Abbé Dassé	Cet ouvrage est très bien fait, clair et précis, avec textes bibliques, traits historiques, est heureusement complété par les petits exercices de catéchisme qui aident une Directrice dans l'interrogation des enfants.	Haton, 35, rue Bonaparte.	4. »
Exercices du Catéchisme pour les Enfants de la 1re Communion	Abbé Dassé	Ce petit livre est inséparable du Manuel des Catéchistes de 1re Communion.	Haton, 35, rue Bonaparte.	3. »

Titres	Auteurs	Appréciations	Éditeurs	Prix broché
L'Histoire Sainte et la Liturgie	Abbé Dassé	Ouvrage écrit pour les enfants des petits catéchismes.	Haton, 35, rue Bonaparte.	0.40
Catéchisme en exemples.	Lefort	Recueil de traits pour chaque leçon de catéchisme. On y peut trouver d'excellentes choses. Ce livre n'est pas indispensable.	Lefort, 30, rue des Saints-Pères.	10. »
Guide pour l'explication du Catéchisme	Abbé Gayrard	Cet excellent livre est indispensable à toute dame catéchiste commençante.	Poussielgue.	1. »
Commentaire littéral du Catéchisme de Paris	Abbé Gayrard	Un peu plus détaillé que le précédent, meilleur par conséquent.	Poussielgue.	1.50
Histoire de l'Eglise (3 vol.)	Abbé Marion	Cet excellent ouvrage récemment paru en est déjà à sa deuxième édition.	Bloud et Barral	12. »

Titres	Auteurs	Appréciations	Editeurs	Prix broché
Manuel de l'Histoire de l'Eglise.	Abbé Beurlier	Très bon petit résumé de l'Histoire de l'Eglise.	Putois-Cretté 90, rue de Rennes	2.50
Tableaux synoptiques et chronologiques pour servir à l'histoire de l'Eglise par siècle.	Père Terrien, d'après l'abbé Richou	Parfait de netteté, de clarté pour aider une Directrice à repasser sa leçon. Livre des plus pratique et des plus complet.	Lethielleux	2.50
Apologétique.	Mgr Cauly	Excellent résumé d'apologétique.	Poussielgue	2.75
Apologétique.	Père W. Duviviers S. J.	Excellente apologétique très forte, précédée d'une lettre élogieuse du cardinal Sarto, aujourd'hui Pie X.	Casterman 90, rue Bonaparte	2.75
Apologétique.	Mgr Gouraud	Résumé plus élémentaire.	Belin, 52, rue de Vaugirard	3.25

TITRES	AUTEURS	APPRÉCIATIONS	ÉDITEURS	PRIX BROCHÉ
Exposé de la Doctrine Catholique.	Abbé GIRODON	Excellent livre dont le début est très propre à affermir la foi. On regrette que la fin soit si abrégée.	Plon, 8, rue Garancières	5. »
La Raison éclairée par la Foi.	Père COTEL	Cet excellent ouvrage est très utile à toute Directrice pour faire des cours de Catéchisme.	Palmé	
Nos raisons de croire.	Père LODIEL	Excellent livre d'apologétique où se trouvent condensés en un volume les meilleures preuves données par Monseigneur Bougaud dans le *Christianisme et les Temps Présents*.	Bonne Presse	2.50
Le bon sens de la Foi.	Père CAUSSETTE 2 vol.	Ces deux volumes d'apologétique sont très utiles pour réfuter bien des objections scientifiques de nos jours.	Édité à Bruxelles.	8. »

Titres	Auteurs	Appréciations	Éditeurs	Prix broché
Liturgie.	Lerosey	Quoique spécialement destiné au clergé, ce livre est rempli de détails précieux pour les Directrices qui auront le temps de l'aborder.	Tralin, 69, rue de Seine.	3.50
Catéchisme liturgique.	Dutilliet	Résumé net et concis de liturgie, indispensable à toute Directrice et... à tout chrétien.	Lesot, 10, rue de l'Eperon.	1. »

3° Dévotion à la Sainte Vierge.

Titres	Auteurs	Appréciations	Éditeurs	Prix broché
Marie, Mère de Dieu. 2 volumes	Père Terrien	Il faut avoir lu ces quatre volumes solides, mais arides pour comprendre et faire comprendre les sublimes prérogatives de la Sainte Vierge dans toute leur beauté théologique, l'aimer et la faire aimer comme Elle le mérite.	Lethielleux.	4. » chaque volume
Marie, Mère des hommes. 2 volumes	Père Terrien		Lethielleux.	4. » chaque volume

Titres	Auteurs	Appréciations	Editeurs	Prix broché
Gloires de Marie	Saint Alphonse de Liguori, traduit par le P. Dujardin	Il ne nous appartient pas de louer l'écrit d'un saint et d'un docteur. Les Directrices de Patronage y trouveront, outre une doctrine substantielle sur la dévotion à la Sainte Vierge, mille traits touchants en faveur de cette dévotion.	Casterman	en 1 vol. 2. » en 2 vol. 6. »

4° Histoires à lire aux enfants pendant les Patronages ou Retraites.

Titres	Auteurs	Appréciations	Editeurs	Prix broché
Fleurs de 1re Communion	Abbé Loth	Recueil de jolies histoires et de légendes, on peut y puiser abondamment pour les histoires en temps de retraites. Ne pas le livrer aux enfants seules, il y a trop de légendes.	Lethielleux.	3.50
Le Bon Ange de la 1re Communion	Mgr Postel	Cet ouvrage fourmille de traits ; il est précieux à ce titre.	Josse 31, rue de Sèvres.	4. »

Titres	Auteurs	Appréciations	Editeurs	Prix broché
Trésors d'histoires pour le Catéchisme de 1re Communion	Abbé Millot	Jolies histoires et légendes pour tous les mois de l'année: Saint Rosaire, Roses de Saint Dominique, légendes de Saint Antoine, de Noël; un peu trop de légendes à mon avis, mais une Directrice peut y puiser des histoires pour les retraites.	Lethielleux.	4. »
Jésus vient !	Mme de Gentelles	Très bon, très pratique, jolies histoires.	Périsse.	1.25
Les Miracles historiques du Saint Sacrement.	Père Couet	On peut y puiser quelques jolies histoires, en les choisissant; ne pas les laisser entre les mains des enfants, il y a quelques histoires un peu étranges qui pourraient être mal comprises.	Œuvre Eucharistique, 23, av. Friedland.	3. »
Frères des Anges.	J. M. A.	Quelques jolis traits disséminés çà et là.	Desclée	0.80

Titres	Auteurs	Appréciations	Éditeurs	Prix broché
Le Jardin des enfants.	Hattler	Joli recueil de légendes ou de traits de l'enfance des Saints en suivant le temps liturgique et le calendrier.	Desclée	2. »
Tout pour ma 1re Communion	Y. de B.	On trouvera à la fois dans cet excellent livre de pieux conseils et de jolis traits.	Vic et Amat, 11, rue Cassette.	2. »
L'Evangile des Premiers Communiants.	Abbé Caron	Cet ouvrage peut servir beaucoup aux Directrices.	Haton.	2. »
Ce qu'il y a dans une Hostie.	Abbé Millot	Livre parfait, traits charmants, instructions sur l'Eucharistie, aussi pieuses que solides.	Lethielleux.	1. »
Fleurs eucharistiques	J. M. A.	Quelques jolis traits.	Société Saint-Paul, 6, rue Cassette.	0.15
Pas à pas vers la Table Sainte.	Mme de Mont-Germont	Comme le titre l'indique cet ouvrage prépare *pas à pas* les enfants à leur première communion par une courte lecture quotidienne.	Téqui. 29, r. de Tournon	2.50

TABLE DES MATIÈRES

~~~~~~~~~~

	Pages.
Avertissement..	13
Introduction	15

PREMIÈRE PARTIE

Psychologie des Patronages.

Chapitre premier. — Des Patronages catholiques en général. — Le zèle pour le salut des âmes	25
Chapitre II. — Le Patronage laïque	31
Chapitre III. — Psychologie féminine. Le cœur de la jeune fille du peuple	38
Chapitre IV. — La Directrice intime	49
Chapitre V. — La Directrice et son Patronage	64
Chapitre VI. — La Directrice et ses collaboratrices	73
Chapitre VII. — Les Auxiliaires	86
Chapitre VIII. — La Directrice et ses enfants. — L'éducation de la jeunesse	94
Chapitre IX. — L'éducation *(suite)*. — Développement de la volonté et de l'esprit de sacrifice chez les jeunes filles	101
Chapitre X. — De la formation de l'élite	108
Chapitre XI. — Principaux moyens de former les enfants à la piété	114
Chapitre XII. — Des jeux, récréations et divertissements.	126
Chapitre XIII. — Résultats du Patronage	130

DEUXIÈME PARTIE

Renseignements pratiques sur l'Œuvre générale des Patronages et Œuvres de Jeunesse. — Carnet des Œuvres.

Organisation de l'Œuvre générale des Patronages, Historique.	137
Affiliation à l'Archiconfrérie.	142
Notice sur l'Œuvre générale.	146
Moyens divers de participer à l'Œuvre.	149
Organisation de l'Œuvre générale des Patronages en province.	151
Œuvres adjacentes.	154
Œuvre des Patronnes chrétiennes.	156
Œuvres diocésaines des bonnes vacances.	158
Examens et concours d'instruction religieuse.	159
Association de Notre-Dame du Bon Conseil.	162
Malades.	163
Œuvre des Catéchismes.	164
Notice sur le Syndicat des ouvrières de l'habillement.	170
Union mutualiste des Françaises.	177
Association catholique internationale des Œuvres pour la protection de la jeune fille.	183
Indications diverses ou Carnet des Œuvres.	185

TROISIÈME PARTIE

Appendice.

Comment s'y prendre pour fonder un Patronage.	191
Spécimens de divers règlements de Patronage.	195
Programmes de fêtes.	199
Rapport sur les associations pieuses au patronage.	200
Catalogue de la bibliothèque de la Directrice.	209

www.ingramcontent.com/pod-product-compliance
Lightning Source LLC
Chambersburg PA
CBHW051900160426
43198CB00012B/1691